ANALECTES

HISTORIQUES.

ANALECTES HISTORIQUES,

RECUEIL

DE

DOCUMENTS INÉDITS SUR L'HISTOIRE

DE LA

VILLE D'ÉVREUX;

PUBLIÉS PAR M. BONNIN,

Correspondant du Comité historique près le Ministère de l'Instruction publique.

ÉVREUX.

IMPRIMÉ PAR J.-J. ANCELLE FILS.

M DCCC XXXIX.

ÉVREUX EN 1654,
d'après une vue dessinée par TASSIN, géographe ordinaire du Roi.

En acceptant la mission de réunir et de publier, sous les auspices de la Société d'Agriculture de l'Eure, un choix de documents inédits sur l'histoire de la ville d'Evreux, nous n'avions pas songé que nous ne pourrions y insérer des chartes longues et intéressantes, que leur âge a revêtues des formes de la langue latine, parce que notre association, surtout agricole, ne porterait qu'un médiocre intérêt à un recueil historique, où les documents en français ne tiendraient pas la plus grande place, et que l'ordre chronologique nous forçant de publier quelques chartes latines, les notes explicatives que nous y joindrions, auraient l'inconvénient d'être trop nombreuses pour les uns, tandis qu'elles seraient toujours trop rares pour les autres. Une autre difficulté s'est présentée : lorsque nous avons dû joindre aux textes quelques explications nécessaires à l'interprétation des faits, l'espace resserré des notes s'est opposé au développement complet des détails souvent nouveaux qui surgissent, et nous n'avons pu résumer en quelques lignes les éléments divers d'une histoire d'Evreux.

Néanmoins, tel que l'ont fait ces restrictions, nous espérons que la Société ne trouvera pas ce recueil dénué de tout intérêt.

Si, pour sa composition, nous avons surtout puisé dans les archives monacales de notre cité, c'est que là seulement gissent les débris authentiques de notre histoire, qu'ainsi l'a voulu l'importance du clergé au moyen-âge, et qu'il n'a pas dépendu de nous de retrouver dans les débris de nos titres municipaux les documents de notre histoire civile et commerciale, au lieu de quelques titres intéressants, mais isolés.

Quelques chartes déjà publiées nous ont paru devoir prendre place au milieu de celles inédites; leur importance, la rareté des volumineux recueils scientifiques dans lesquels elles sont enfouies, ignorées du plus grand nombre, seront notre excuse auprès de ceux pour lesquels elles auront tout l'attrait de la nouveauté.

Nous adressons ici nos remercîments aux personnes qui ont bien voulu, dans ce travail, nous aider de leurs conseils, et surtout à notre collègue et ami, M. Chassant; si des travaux urgents l'ont empêché de nous appuyer d'une collaboration plus active, nous conservons l'espoir de voir prospérer dans ses mains, la revue rétrospective projetée par la Société.

Puisse l'imperfection de cet essai ne pas porter préjudice à cette publication.

Evreux, le 20 août 1839.

ANALECTES HISTORIQUES.

I.

Charte de Richard, Comte d'Évreux, en faveur de l'Abbaye de Jumiéges [1].

In nomine sancte et indiuidue trinitatis. Ego Ricardus Rotberti Archiepiscopi filius[2], notum cunctis sancte Dei aecclesie fidelibus, presentibus atque futuris, cupio fieri, quod adientes me, Gemmeticensis [3] loci uenerabiles monachi, supplici deuotione petierunt, quatenus unius molendini arcam in mea ditione, pro mee anime remedio, eis concederem; quod, ipse sagaci consideratione cordis archano perlustrans, atque ad extremum ultimi iudicii examen perspiciens, adiudicaui eorum precibus annuere, petitionem que adimplere, sciens remuneratione bona operantium sic fore scriptum : *Que seminauerit homo in hoc seculo, haec et metet in futuro;* Itemque Dominus in euangelio : *Facite,* inquit, *vobis amicos de mammona iniquitatis, ut cum defeceritis recipiant vos in aeterna tabernacula.* Illis denique uerbis instigatus consolatoriis, pro anime meae, nec non Ricardi

---

[1] Cette précieuse charte de l'an 1038, est publiée d'après l'original, exposé dans les galeries du Musée d'antiquités de Rouen, n° 36.

[2] Richard II, comte d'Evreux, était fils de Robert, archevêque de Rouen et comte d'Evreux; il succéda à son père en 1037 et vécut jusqu'en 1067. Le Brasseur donne très-peu de renseignements sur lui.

[3] Jumiéges; abbaye de l'ordre de Saint-Benoît, dans le diocèse de Rouen, l'une des plus remarquables de Normandie.

comitis [1], atque Rotberti [2], filii que eius Willelmi [3], ac Patris mei, scilicet Rotberti Archiepiscopi [4], amminiculo, in inferiori parte Ciuitatis Ebroice [5], supra flumen quod uocatur Hyton, [6] perhenne dedi Sancto Petro in Gemmetico unius molendini sessionem [7], inibi que deo famulantibus tradidi possidendam, ut habeant, teneant et possideant quandiu uariis hic mundus uoluetur successibus. Quod si quis tartareis furiis diabolo incitante quoquo conamine à loco, quod absit, abstulerit, primo uindicem superni Domini iram incurrat, ac demum à coetu anctorum seiunctus, Iudeque [8] traditoris consortium indeptus, cum diabolo perpetuis auerni incendiis tradatur urendus, nisi satisfecerit. Qui, si resipuerit, centum solidos auri loco persoluens à nefando neuo soluatur, alioquin his anathematis nexibus succumbat. Et ut hec cuncta prelibata perpetim firma permaneant, dominice crucis, mea manu, signo subterfirmaui, aliis que quampluribus roboranda tradidi.

Signum Willelmi [9] Nortmannorum ducis †. Signum Ricardi [10] comitis Ebroice ciuitatis †. Signum Hugonis [11] Episcopi ciuitatis eiusdem †. Signum Rodul † fi fratris eiusdem. Sig. † num Adsonis Vicecomitis. Signum † Herluini Mulot. Signum Heinrici Prepositi.

[1] Richard-Sans-Peur, premier duc de Normandie.
[2] Robert dit le Libéral, ou le Diable, duc de Normandie.
[3] Guillaume-le-Conquérant.
[4] Robert, archevêque de Rouen, comte d'Evreux.
[5] Gravigni.
[6] L'Iton.
[7] Le moulin de Saint-Pierre, à Gravigni, appartint à l'abbaye de Jumiéges jusqu'à la révolution.
[8] Judas.
[9] Guillaume-le-Conquérant.
[10] Richard, comte d'Evreux, donateur.
[11] Hugues, évêque d'Evreux.

Acta sunt hec anno ab incarnatione Domini millesim, xxx. viii. indictione vi, Francorum Rege, Heinrico, Rotberti Regis, filio, regni illius anno viii., quo tempore monarchiam regni Nortmannorum, Vuillelmus Rotberti Comitis filius, obtinebat.

Ego Vuillelmus huius cartule notarius, horum testis existens, posteris conscripta relinquo.

Post hec autem paucis transactis diebus iterum me adeuntes monachi petierunt ut eis unum hospitem [1] ad molendinum pertinentem concederem, quibus ipse annuens libentissime dono huius ligni [2] ad hanc cartulam dependentis quod petierant tribui.

II.

Charte de Yves, fils de Goman, en faveur de l'Abbaye de Saint-Sauveur d'Evreux [3].

Sciant omnes presentes pariter et futuri, quod Ego Iuo, filius Gomanni, dedi et concessi Deo et Ecclesie Sancti Saluatoris Ebroicensis [4], et sanctimonialibus ibidem deo ser-

---

[1] Hôte; celui auquel un seigneur avait donné une maison, moyennant une redevance annuelle; de là vient notre mot *hôtager*. C'est à Gravigni que fut donné cet hôte, ainsi qu'on peut le voir dans la charte de Guillaume-le-Conquérant, en faveur de l'abbaye de Jumiéges, en l'an 1079.

[2] On voit en effet un petit morceau de bois attaché au haut de la charte par deux courroies de cuir.

[3] L'original de cette charte existe dans le dépôt des archives de l'Eure, carton de Saint-Sauveur.

[4] Saint-Sauveur; abbaye de femmes, de l'ordre de Saint-Benoît, fondée d'abord dans l'enceinte de la ville d'Evreux, par Richard, comte d'Evreux, vers 1060, et transportée, vers 1195, dans l'un de ses faubourgs, au pied de la côte de Saint-Michel. Les bâtiments qui en dépendaient servent maintenant de caserne; l'église est presqu'entièrement détruite.

nientibus, pro salute anime mee et antecessorum meorum, in puram et perpetuam elemosinam, Ecclesiam de Cella [1], cum decimis ad eamdem ecclesiam pertinentibus, et unam carrucatam terre, et quatuor hospites, assensu, concessu, et uolumptate domini mei Willelmi filii Osberti [2], in cuius feodo sunt predicta. Abbatissa [3] uero et Conuentus dicte ecclesie Sancti Saluatoris, uxorem meam et tres de filiabus meis, in suum collegium suscipiunt caritatiue, et faciunt moniales. Ut autem hec mea donatio, inuiolabilis et inconcussa in posterum perseueret, presenti scripto sigillum meum apponere dignum duxi. Testibus hiis : Roberto fratre meo, Normanno preposito meo et Odone fratre suo, Anquitillo de Actolio [4], et Radulfo fratre suo, Hermero et pluribus aliis. Actum anno gratie M. LXXX. V. septimo Kal. Nouembris.

III.

GUILLAUME, COMTE D'EVREUX, CONFIRME UNE DONATION FAITE PAR ROBERT LOUVET, A L'ABBAYE DE SAINT-TAURIN [5].

Notum sit uniuersis ecclesie catholice filiis, quod Ego GUILLELMUS [6], Comes Urbis Ebroice, filius Ricardi, uxor

---

[1] La Celle, canton de Rugles.

[2] Guillaume Fitz-Osberne, premier comte de Breteuil, auquel Guillaume-le-Conquérant fit don du château de Breteuil, qu'il venait de construire.

[3] Godebilde, fille de Richard, comte d'Evreux, fondateur de ce monastère.

[4] Auteuil, canton de Gaillon.

[5] Publié d'après le petit cartulaire de l'abbaye Saint-Taurin, mss du XIIIe s. appartenant aux archives de l'Eure.

[6] Guillaume, comte d'Evreux, depuis 1067 jusqu'en 1118, fils de Richard II.

quoque mea[1] et filius, pro animabus predecessorum meorum, concessi Deo et monachis Sancti Taurini [2], in hereditatem perpetuam, illam terram nec non et decimam que habetur in postestate Aurillei [3]; terram quoque totam liberam de villa que wlgo vocatur Cyconia [4], quam terram videlicet et decimam vendiderunt et dederunt Sancto Taurino, Robertus Lupulus, et Fulbertus gener eius. Ego igitur, ut predictum est, concessi et manu propria firmaui, et ob hoc centum solidos, a supradictis monachis, accepi. Ex hoc legales existunt testes utriusque partis, Ricardus filius Helluini, Guillelmus Runcet, Turstinus filius Rol, Radulfus de Lunuilla, Iuo de Bakepuiz [5], Helinant filius Anchetilli, Willelmus de Luco, † Radulfus Malet, Hugo filius Seiburgis, Gaufridus Dapifer, Gaufredus Friart, Radulfus filius Elisabeth. Hoc † Signum Guillermi comitis [6].

IV.

Donations faites par Simon, Comte d'Evreux, au Chapitre de la Cathédrale d'Evreux [7].

Universis matris ecclesie filiis, tam clericis quam laicis, S.[8] Comes Ebroicensis, salutem et dilectionem. Notum sit uobis quod Ego donaui et in Prebendam [9] concessi, pro

[1] Helvise, fille de Guillaume, comte de Nevers.
[2] Saint-Taurin, abbaye d'hommes, de l'ordre de Saint-Benoît, fondée par Richard 1er, duc de Normandie. (Voyez le *Gallia christiana*, t. 11.)
[3] Avrilli, canton de Damville.
[4] La Sògne, canton de Damville.
[5] Bacquepuits, canton nord d'Evreux.
[6] Guillaume, comte d'Evreux.
[7] Extrait du petit cartulaire du chapitre de la cathédrale d'Evreux.
[8] Simon, comte d'Evreux.
[9] Prébende; bénéfice attaché à une dignité ecclésiastique.

anime mee, et predecessorum meorum et amicorum redemptione, in perpetuum possidendum, Deo et Ecclesie Beate Marie de Ebroicis, Ecclesiam Beati Petri de Plesseiz [1] cum omnibus pertinentiis suis, et iiij libras in decimatione meorum molendinorum de Ponte Perrin [2], talis monete, que communiter capietur Ebroicis, annuatim, canonico possidenti prenominatam prebendam, reddendas. Similiter uero, dedi et concessi, Deo et predicte ecclesie, in aliam Prebendam Sancti Martini de Aprileio [3] cum eiusdem uille tota decimatione, et in prepositura et in molta et in aliis redditibus. Preter hec autem, uolo et concedo, quod donum quod deo a predecessoribus meis factum est, scilicet LX. s. ad tegendam Ecclesiam Beate Marie [4] annuatim reddendi, a me et meis heredibus, integre imperpetuum teneatur; alie siquidem elemosine, que ab aliis in meo feodo facte sunt Deo et prenominate ecclesie, scilicet Ecclesia de Corileto [5], et Ecclesia de Sancto Albino [6], et due garbe decimationis de Sancto Germano [7], assensu meo teneantur; et ne ista, que a me nuptu diuino facta sunt, in futurum, ab aliquo quassarentur, mei sigilli testimonio dignum duxi confirmari. Hiis testibus : Rotrodo Ebroicensi Episcopo [8], Roberto de Nouo-Burgo Decano [9], Daniele Cantore, Ricardo Croc Archidiacono, Rogero de Brionia [10] Archidiacono, Rotrodo Archi-

[1] Saint-Pierre du Plessis Grohan.
[2] Moulins que nous ne pouvons indiquer.
[3] Saint-Martin d'Avrilli.
[4] Don pour la couverture de la cathédrale.
[5] Le Coudrai, près d'Evreux.
[6] Saint-Aubin du Vieil Evreux.
[7] Saint-Germain de Navarre.
[8] Rotrou, évêque d'Evreux, depuis 1141 jusqu'en 1170.
[9] Robert de Neubourg, doyen de l'église d'Evreux, depuis 1158 jusqu'en 1176.
[10] Brionne.

diacono, Georgio de Jumellis[1] Decano, Radulfo de Aprileio, Ricardo de Lilia Bona[2], Hugone de Laceio, Amalrico fratre eius, Hugone de Longo Campo[3], Georgio Neel, Radulfo de Criketot[4], Gileberto de Warel[5], Symone de Gurhan[6], Willelmo de Bermecort[7], Radulfo Galopin, Gaufrido de Monte Forti, Gontero Coco, Odone Perdriel, Symone de Mota, Radulfo Rengelum, Rogero Mal Uaslet, Gaukelino Forestario, Willelmo de Warel et eiusdem fratribus.

V.

Transaction entre Simon, Comte d'Évreux, et le Doyen de l'Église d'Évreux [8].

S.[9] Comes Ebroicensis, omnibus suis hominibus, tam Normannie, quam Francie, salutem. Notificetur uobis, quamdam controuersiam fuisse inter me, et Robertum de Nouo-Burgo[10], Decanum Ecclesie Beate Marie Ebroicensis, de Stallis[11] que feceram in Atrio[12] Sancti Petri de Ebroicis[13], que hac fine, que hic inferius describitur, terminata

[1] Jumelles, canton de Saint-André.
[2] Lillebonne, anciennement *Juliobona*, arrondissement du Hâvre.
[3] Longchamp.
[4] Criquetot, commune de Villette, canton du Neubourg.
[5] Garel, commune du Plessis-Grohan.
[6] Grohan.
[7] Bémécourt, canton de Breteuil.
[8] Extrait du petit cartulaire du chapitre d'Evreux.
[9] Simon, comte d'Evreux.
[10] Robert de Neubourg.
[11] Etaux.
[12] Portail, péristyle.
[13] L'Eglise de Saint-Pierre occupait anciennement l'espace actuellement bâti, compris entre le fossé, la rue des Lombards, la rue Saint-Pierre et la rue de la Vieille-Gabelle.

est. Ego uero et heres meus, tenebimus a Decano predicte ecclesie, stalla prenominata, ea tamen conditione, quod Decanus, quicunque fuerit, totam decimationem census illorum stallorum, et preter hoc x. s. annuatim habebit, et terminum in quo census meus capietur; et ne hoc ab aliquo frangetur in futuro, mei sigilli testimonio, dignum duxi confirmari. His testibus : Hugone de Laceio, Amaurico eius fratre, Roberto Peiseio, Rogero de Hotot, Rogero Mahiel, Gaufrido de Monteforti, Rogero Mal Uaslet et multis aliis.

VI.

Traité de paix entre Louis vii, Roi de France, et Henri ii, Roi d'Angleterre [1].

Notum sit omnibus tam presentibus quam futuris, quod hoc modo facta pax inter Lodowicum Regem Francie, et Regem Anglie Henricum. Rex Lodowicus reddidit Regi Anglie omnia jura et tenementa Henrici Regis aui sui, que tenebat die qua fuit viuus ac mortuus, plene et integre, excepto Wilcassino [2]. Et de Wilcassino remansit Regi Anglie feodum Archiepiscopi Rotomagensis [3] et feodum

---

[1] En publiant pour la première fois ce traité de paix dans les mémoires de l'Académie des inscriptions, t. 43, le savant Brequigny nous paraît avoir laissé glisser quelques erreurs; nous avons essayé de les rectifier, à l'aide d'une copie fidèle du manuscrit dont il s'est servi, et qui nous a été communiquée par notre collègue M. Paillard, élève de l'Ecole des Chartes. C'est avec la date de 1160 que nous l'insérons ici, suivant l'opinion du savant académicien.

[2] Le Vexin Normand, actuellement l'arrondissement des Andelis.

[3] La baronnie de Fresnes-l'Archevêque.

— 15 —

comitis Ligienstre[1] de feodo Bristollii[2], et feodum Comitis Ebroicensis[3]. Et totum remanens Wilcassini, Regi Francie, hoc modo, quod ipse illud remanens dedit et concessit maritagium cum filia sua, filio Regis Anglie, habendum et eum inde seisiendum ab Assumptione Beate Marie proxima post pacem factam, in tres annos. Et si infra hunc terminum, filia Regis Francie[4], filio Regis Anglie[5] desponsata fuerit assensu et consensu Sancte Ecclesie, tunc erit Rex Anglie seysitus de toto Wilcassino et de castellis Wilcassini[6], ad opus filii sui. Et si filia Regis Francie infra hunc terminum obierit, castella et Wilcassinum redibunt ad manum Regis Francie, exceptis tribus feodis, que semper remanebunt Regi Anglie soluta et quieta. Et ista convencione, quod castella remanebunt in custodia Militum Templi[7], usque ad predictum terminum; et habebunt inde

---

[1] Robert, comte de Leicester et de Breteuil et non le comte de Lisieux, comme l'a dit à tort Brequigny, les évêques de Lisieux n'ayant jamais eu de fief à Breteuil. Le nom de Robert de Leicester se rencontre fréquemment dans l'histoire de cette époque, et le rôle important qu'il y joue, eut dû le faire reconnaître par un savant aussi profond que Brequigny; du reste, les bénédictins, auteurs du *Gallia christiania* (t. 11, *Ins. col.* 29-30), n'ont pas été plus heureux que lui en le nommant comte *Le Guerre*, dans un acte important (la fondation du monastère de Fontaines Guerard) qui indique ses fiefs et ses alliances.

[2] Breteuil-sur-Iton, fief des comtes de Leicester, seigneurs de ce pays; il fut vendu par Amicie de Montfort, à Philippe-Auguste, en 1204.

[3] Simon, comte d'Evreux.

[4] Marguerite, fille de Louis VII, alors âgée de 4 ans.

[5] Henri, fils aîné de Henri II, alors âgé de 4 ans. Ce mariage fut célébré en 1160.

[6] Littleton, *Histoire de Henri II*, met *castellum*; mais *castellis* nous paraît préférable, car il s'agit de tous les châteaux du Vexin, et non de celui connu sous le nom de Château-Neuf en Vexin, ou de Château-Neuf-Saint-Denis, seulement.

[7] Les chevaliers du temple.

reditus ad castella custodienda, que Rex Francie in dominio habebat; et interim Rex Francie habebit inde justitiam et homagia, et servicium. Et Gocelinus Crispinus[1], et Goellus de Baudemonte[2] reversi sunt in homagia Regis Francie, de eo quod habent in Wilcassino, et debent habere de ipso; et si Rex Francie habuerit querelam versus eos, que sit ad justitiam corporis vel membrorum siue exheredacionem vel magnum grauamen pecunie, per consilium Regis Anglie, deducetur. Per istam conventionem castellum Stripennei[3] prosternetur infra festum sancti Johannis. Comes Ebroicensis Simon reuersus est in homagium Regis Francie; et seruicium quiete in hominibus et castellis suis, et castella sua ei quieta remanebunt, sicut ceteri barones Francie castella sua quieta habent; et Rex soluit et quietos clamauit homines eiusdem Comitis omnes a juramento quod ei fecerunt; et ipsum Comitem similiter absoluit de eo quod ad Regem Francie pertinet; et idem Comes Ebroicensis habebit omnia jura sua de foresta Aquiline[4], sicut jurata fuerunt per seruientes Regis Francie et eiusdem Comitis. Sed si inter eos orta fuerit querela pro juramento hominum Regis et Comitis qui hoc juraverunt ex precepto Regis, et sine mala voluntate eius recognitum erit, et de domo Sancti Leodegarii, si Comes eum requisierit de custodia eiusdem domus Rex, ei rectum tenebit. Preterea Rex Francie reddidit Regi Anglie omnia jura et

---

[1] Gocelin Crespin, seigneur d'Etrepagni.

[2] Baudemont, canton d'Ecos, arrondissement des Andelis.

[3] Le Château d'Etrepagni.

[4] La forêt Iveline, et non de l'Aigle, comme l'a dit Brequigny; voyez pour sa description et sa situation, les diplômes de Pépin en l'an 768, et de Charlemagne en 774, et surtout l'excellent ouvrage du savant M. Guerard, intitulé : *Essai sur le système des divisions territoriales de la Gaule.* (Paris, 1832.)

— 17 —

tenementa Comitis Pictauensis [1] excepta Tolosa [2]; hoc modo, quod Rex Anglie concessit de Tolosa trewias usque die primo Penthecostes post pacem, in unum annum, pro amore Regis Francie, Comiti S. Egidii [3], saluo honore suo, sine malo ingenio, et sine sua et suorum heredum exheredatione. Et quicquid Rex Anglie habebat de honore Tolose, et Cadurco [4], et Cadurcino [5], ea die qua pax facta fuit, eidem Regi Anglie remanebit; et si Comes Sancti Egidii, infra hunc terminum, Regi Anglie vel suis hominibus de predicto honore Tolose vel Cadurci forisfecerit, et ad marchia [6] in termino conuenienti non emendauerit, Rex Francie ulterius se non intromittet. Et si Comes de Gargelien [7] et Trencauel [8] et ceteri homines Regis Anglie illius patrie, noluerint in trewis istis esse, et guerram fecerint Comiti S. Egidii, Rex Anglie non juuabit eos infra hunc terminum contra istam conuencionem. Concedo et confirmo hiis testibus : Petro Parisiaco [9], Hugone Suessionensi [10], Roberto Ebroicensi [11], Ernaldo Lexouiensi [12],

[1] Guillaume X, comte de Poitiers.
[2] Toulouse.
[1] Raymond V, comte de Toulouse, nommé seulement comte de Saint-Gilles, parce qu'alors Henri II lui disputait le comté de Toulouse.
[2] Cahors.
[3] Quercy.
[4] Les marches, ou frontières.
[5] Raymond Bérenger IV, comte de Barcellonne.
[6] Raymond, vicomte de Besiers.
[7] Pierre Lombard, évêque de Paris, connu sous le nom de *Maître des Sentences*.
[8] Hugues de Champfleuri, évêque de Soissons, alors chancelier de France.
[9] Rotrou et non Robert de Warvic, évêque d'Evreux.
[10] Arnulfo. Arnout, évêque de Lisieux, auquel nous devons un précieux recueil de lettres publiées à Paris, en 1585, par Odon Turnèbe, fils d'Adrien,

Philippo Baiocensi [1], Frogero Sagiensi [2], Hugone Dunelmensi [3], Episcopis; Thoma Cancellario [4], Comite Flandrensi Theodorico [5], Comite Henrico [6], Comite Suessionensi [7], Comite Bellimontis Theodorico [8], Willerianno [9], Willelmo Pauet Magistro Templi [10] et fratribus Ottone de Sancto Audomaro [11], Giliberto de Laci [12], Ricardo de Hasting [13], Petro Episcopo [14], Roberto de Piro [15], Willelmo fratre Regis Anglie [16], Comite Millentino [17].

[1] Philippe de Harcourt, évêque de Baieux.

[2] Froger, évêque de Séez, aumônier du roi d'Angleterre.

[3] Hugues, évêque de Durham.

[4] Thomas Beckquet, alors chancelier du roi d'Angleterre, et l'année suivante archevêque à Cantorbéry.

[5] Thierry d'Alsace, comte de Flandres.

[6] Henri, comte de Champagne, ou de Troyes. Brequigny pense qu'on doit lire *comite Trecensium Henrico.*

[7] Ives, comte de Soissons.

[8] Thierry, comte de Beaumont.

[9] Probablement Walleran, comte de Meullent.

[10] Guillaume Pavet, paraît être le grand maître des Templiers en Normandie à cette époque.

[11] Brequigny pense que ce témoin Otton de Saint-Omer pouvait tirer son nom de Saint-Omer, au diocèse de Séez (Saint-Omer-sur-Orne), arrondissement de Falaise.

[12] Ce nom de Laci se rencontre fréquemment dans les titres relatifs à notre pays.

[13] Probablement Hasting en Angleterre.

[14] Pierre Leveque.

[15] Robert de Pirou. Brequigny pense que ce lieu pourrait être Pirou dans le Cotentin, mais ne serait-ce pas plutôt Periers sur Andelle?

[16] Guillaume, frère du roi d'Angleterre.

[17] Ces deux noms paraissent se rapporter à celui expliqué dans la note 9.

VII.

Fondation de la Foire Saint-Nicolas, par Simon, Comte d'Evreux [1].

Omnibus matris Ecclesie filiis, tam clericis quam laicis, Symon Comes Ebroicarum [2], salutem. Notum sit uobis me dedisse, pro salute anime mee, Deo et Leprosis Sancti Nicholai [3], unum diem de feria cum suis consuetudinibus ad festum Sancti Nicholai [4], qualicumque die euenerit, pro crastino pascha, quod similiter eis dederam, salua tamen septimana Sancti Taurini [5]. Et quum uolo quod hoc donum in perpetuum teneatur, mei sigilli testimonio confirmaui. Hiis testibus, Amaurico [6] et Symone [7] filiis meis qui hoc consenserunt, Walquelino sacerdote, Ricardo Crispino, Rogero Michael, Hugone de Bakepuiz, Lisiardo de Sabloil, Gaufrido de Rothomago, Gaufrido de Monteforti, Odone Perdriel, Waltero Sine Mappa, Thoma de Castello,

---

[1] Cette charte, antérieure à l'an 1180, époque du décès de Simon, est extraite du cartulaire de la Léproserie de Saint-Nicolas-lès-Evreux, mss du xiiie s., appartenant aujourd'hui à l'Hospice d'Evreux, auquel cet établissement fut réuni en 1679. Nous en devons la communication à M. Maillard, que nous remercions ici de la bienveillance avec laquelle il a aidé nos recherches dans les archives de cet établissement.

[2] Simon, comte d'Evreux.

[3] Les lépreux de Saint-Nicolas, entre Evreux et Gravigni.

[4] Le 6 décembre.

[5] La semaine de la foire de Saint-Taurin; c'est en 1207 seulement, que Philippe-Auguste, d'après sa charte, ci-après, n°12, donna à cette foire, qui ne durait d'abord qu'un seul jour, l'extension de huit jours; or, comme cette fondation de Simon est évidemment antérieure à 1207, nous devons penser que ce roi n'a fait que ratifier un droit ou une usurpation.

[6] Amauri, qui lui succéda.

[7] Simon de Montfort, si connu dans la croisade contre les Albigeois.

Hugone de Laci, et Amaurico fratre eius; Waltero Sine Mappa et Thoma de Castello, existentibus Prepositis [1].

VIII.

Amauri, Comte d'Evreux, confirme une donation de Simon, son père, en faveur du Chapitre de la Cathédrale d'Evreux [2].

Amauricus Comes Ebroicensis [3], omnibus ad quos littere iste peruenerint, salutem. Notum sit omnibus tam presentibus quam futuris, me concessisse, confirmasse et sigilli mei munimine roborasse, Canonicis Beate Marie Ebroicensis [4], c. solidos currentis monete, quos pater meus, Symon Comes Ebroicensis [5], dedit illis in perpetuam eleemosinam, et in redditibus Prepositure sue Ebroicensis [6] assignauit, in die obitus sui, sine omni difficultate et dilatione, annuatim reddendos, ad anniuersarium suum solempniter celebrandum. Sciatis etiam me dedisse et in predictis Prefecture redditibus assignasse, xl. solidos currentis monete, in festiuitate sancti Remigii, cum omni facilitate, singulis annis reddendis, ad luminaria lampadorum concremanda, que supra corpus prenominati Symonis patris mei, indesinenter ardent et perpetuo ardebunt [7]. Testibus, Johanne Episcopo

---

[1] Les prévôts précédèrent les baillis; ils étaient chargés de recevoir les revenus du Seigneur.

[2] Extrait du petit cartulaire du chapitre d'Evreux.

[3] Amauri de Montfort, comte d'Evreux en 1181.

[4] Les chanoines de l'Eglise de Notre-Dame d'Evreux.

[5] Simon de Montfort dit le Chauve, comte d'Evreux, décédé vers 1180.

[6] La prévôté d'Evreux.

[7] Une lampe brûlait jour et nuit sur les restes de Simon, dont la tombe en airain, ainsi que l'indique Le Brasseur, est peut-être aujourd'hui couverte par le nouveau pavage de la cathédrale.

Ebroicensi [1], Gaufrido Decano [2], et omni Capitulo, Adam de Cirre [3], Hugone de Bakepuiz, Roberto de Sabluel, Georgio Neel [4].

IX.

Amauri, Comte de Glocester, cède à Philippe-Auguste la cité d'Évreux et l'Evrecin [5].

Notum sit omnibus, tam presentibus quam futuris, quod Ego Amalricus Comes Glocestre [6], domino Philippo illustri Regi Francorum [7], et heredibus eius, de propria voluntate mea, et de mandato domini mei, Johannis illustris Regis Anglorum [8], in presentia ipsorum Regum, et Baronum suorum, quittaui Ciuitatem Ebroicam [9] et Ebroicinum [10]; videlicet, quicquid in eis habebam, feodi et

[1] Jean 1er, évêque d'Evreux, depuis 1181 jusqu'en 1192.

[2] Geoffroy n'est pas mentionné dans le *Gallia christiana*, parmi les doyens de l'église d'Evreux.

[3] Cierrei, canton de Paci.

[4] Seigneur du Vieil-Evreux et de quelques paroisses voisines.

[5] Nous publions ce document d'après l'original appartenant aux Archives du Royaume. On le trouve encore dans le *Gallia christiana*, t. 11, *Ins. col.* 142.

[6] Amauri, comte d'Evreux, qui, par suite de cette cession, fut créé comte de Glocester.

[7] Philippe-Auguste, roi de France.

[8] Jean-Sans-Terre, roi d'Angleterre.

[9] La ville d'Evreux.

[10] L'Evrecin, qui composait le fief des comtes d'Evreux ; voyez pour ses limites l'excellente notice publiée par notre savant collègue et ami M. Aug. Le Prevost, dans l'*Annuaire de la Société d'Histoire de France*, 1838.

dominii, sicut mete determinant, que in carta domini mei, Johannis illustris Regis Anglorum, quam Dominus Rex Francorum habet, denotantur, et Dominus meus Rex Anglie, in sufficiens excambium inde donauit. Ego et bona fide, et sine malo ingenio, in manu Domini Regis Francorum, fiduciaui hoc tenere, sicut continetur in carta domini mei Regis Anglorum, quam inde Dominus Rex Francorum, habet. Quod ut perpetuum robur obtineat, presentem paginam, sigilli mei munimine, firmaui. Testibus: H. Cantuariensi[1], E. Burdegalensi[2] et J. Dublinensi[3], archepiscopis. A. Meldensi[4], — Beluacensi[5], H. Lincolnensi[6], E. Elyensi[7], et H. Saresbirensi[8], Episcopis. B. Comite Flandrie[9], T. Comite Campanie[10], Comite Blesensi[11], R. Comite Drocensi[12], W. Mariscallo, Comite de Pembroc, W. de Garlanda, B. de Roya. Actum Goletoni[13], Anno incarnati verbi, M. ducentesimo, mense maio.

[1] Cantorbéry, dans le comté de Kent, en Angleterre.

[2] Bordeaux.

[3] Dublin, capitale de l'Irlande.

[4] Meaux.

[5] Beauvais.

[6] Lincoln, capitale du comté de ce nom.

[7] Ely, capitale du comté du même nom.

[8] Salisbury, capitale du comté de Wiltz.

[9] Flandre.

[10] Champagne.

[11] Blaisois.

[12] Dreux.

[13] Le Goulet, près de Vernon.

X.

Roger de Meullent, cède a Philippe-Auguste la vicomté d'Evreux [1].

Ego Rogerus de Mellento [2], universis ad quos littere presentes peruenerint: Notum fieri uolo quod Ego quito in perpetuum et heredes mei, Domino meo Philippo, Regi Francorum illustri [3], et heredibus ipsius, totum Vicecomitatum Ebroicarum [4], integre, cum pertinentiis suis, et quicquid in ipso Vicecomitatu tam ego quam heredes mei possumus reclamare. Propter hoc autem, Dominus meus Philippus, Rex Francorum, dat mihi et heredibus meis, in feodum et hommagium ligeum, uillam que dicitur Cuiteboue [5], cum pertinentiis suis et feoda de Crauuilla [6] et de Foucheroliis [7] ad usus et consuetudines Normanie possidenda. Quod ut ratum sit, presentem paginam sigillo meo confirmo. Actum Medunte [8], Anno Domini M. CC. quarto.

[1] Publié d'après l'original, appartenant aux archives du Royaume et l'*Amplissima collectio* de Martène, col. 1048.

[2] Roger de Meullent de la maison d'Harcourt, est le dernier de cette famille qui ait possédé la vicomté d'Evreux. Voyez, pour ses prédécesseurs, l'*Histoire de la maison d'Harcourt*.

[3] Philippe-Auguste.

[4] La Vicomté d'Evreux. Le vicomte était le lieutenant du comte pour le gouvernement et le commandement des gens de guerre. Il fut remplacé par le bailli. Voyez *Brussel, Usage des Fiefs*.

[5] Quittebeuf, canton nord d'Evreux.

[6] Saint-Aubin de Crosville, canton du Neubourg.

[7] Feuguerolles, canton du Neubourg.

[8] Mantes sur Seine.

XI.

Établissement d'une commune a Évreux[1].

Recognitio facta inter Dominum Regem[2], et Episcopum Ebroicensem[3], super munitione de firmitate Ville, per istos juratos, scilicet, Richardum de Argentiis[4], Stephanum de Longo Campo, Rogerum Pescheveron, Guillelmum Sifi, milites; Gauterum Anglicum, Amicum Veillertes, Joscelinum Petiti, Renoldum Fabrum, burgenses Domini Regis; Hugonem de Aurilleio[5], Rogerum Havart, Robertum de Bello Monte[6], Ricardum Caran, burgenses Episcopi; Rogerum de Ponte Landre, Radulfum Podagre, Gilbertum de Brisson, Lucam Berrenger, burgenses Abbatis S. Taurini; Qui jurati, dixerunt unanimiter, quod, quando Rex Richardus[7], captus erat in Alemannia, Johanne Episcopo mortuo[8], Electo Garino Ebroicensi[9], in Alemanniam profecto, cum Rege Richardo, Comite Ebroicensi mortuo[10], Senescallus Normannie[11] jussit fieri Communiam apud Ebroicas; et viderunt quod, Adam Anglicus maior[12] erat

---

[1] Ce document, publié d'après les mss de Colbert, a déjà été imprimé avec quelques variantes, dans l'*Amplissima collectio*.

[2] Philippe-Auguste.

[3] Luc, évêque d'Evreux.

[4] Argences près d'Evreux.

[5] Avrilli.

[6] Beaumont.

[7] Richard Cœur de Lion.

[8] Jean, évêque d'Evreux, mourut en 1192.

[9] Garin de Cierré fut élu évêque d'Evreux vers 1193.

[10] Amauri, mort vers 1191.

[11] Guillaume de Tancarville; son successeur Garin de Glapion, n'est cité qu'en 1200. Voyez Toustain de Richebourg, *Histoire de Normandie*.

[12] Maire.

eiusdem communie; et viderunt, quod communi assensu eiusdem communie jurate, sine aliâ justiciâ, fecerunt fossatum in illa villa, per medium terre Episcopi Ebroicensis, et ceperunt operari, die Dominica, propter timorem Regis Gallie, et Archidiaconus absoluit eos; et viderunt, quod timorem habuerunt de obsidione [1]; et attornati [2] fuerunt, quatuor homines de communia, ad unumquemque quernellum [3] custodiendum, et hurdandum [4] eum; et dicunt quod Comes, Ebroicensis, non poterat tailliam facere in terra Episcopi, nec propter exercitum, nec propter nubendam filiam, nec propter filium faciendum militem, nec ullo modo, nec aliquid aliud ibi capiebat, preter consueta, que tunc currebant et adhuc currunt; et dicunt quod Dux Normannie, habebat talem justiciam, super Episcopum Ebroicensem, qualem habebat super Archepiscopum, et alios Episcopos Normannie. [5]

[1] Siége d'Evreux en 1194. Philippe-Auguste détruisit entièrement la ville.

[2] Procureurs; c'était encore le titre des personnes chargés du gouvernement de la ville d'Evreux, aux xive et xve siècles.

[3] Porte, ouverture.

[4] Fortifier, c'est de ce mot que vient celui de *hourder*.

[5] Ce document, le seul qui subsiste pour nous apprendre l'affranchissement communal de la cité d'Evreux, ne suffit pas pour nous permettre de dire quelle était alors son organisation municipale, et nous ne pouvons nous aider de l'opinion de ses historiens, puisqu'aucun d'eux ne s'est occupé de ce fait important; mais cette concession qui ne paraît pas avoir subsisté au-delà des bornes fixées par la nécessité qui la réclamait, nous paraît avoir été basée sur les priviléges que Richard Cœur de Lion confirmait alors au profit de Verneuil. Les limites d'une note ne nous permettant pas de rappeler quelle était l'étendue de ces droits, nous renvoyons au *Recueil des Ordonnances de Secousse*, t. 4 et 11.

XII.

FONDATION DE LA FOIRE DE SAINT-TAURIN, A EVREUX [1].

In Nomine Sancte et Indiuidue Trinitatis, amen. Ph. [2] dei gratia Francorum Rex. Nouerint universi, presentes pariter et futuri, quod Abbas [3] et monachi Sancti Taurini Ebroicencis, habebant, apud Ebroicas, nundinas, die festiuitatis beati Taurini, per unum diem durantes, scilicet ab ora nona vigilie dicte festiuitatis, usque ad horam nonam ipsius festiuitatis, et per hoc tempus, habebant dicti monachi, integre, ad usus suos, quicquid ad Preposituram et Vicecomitatum Ebroicenses, pertinebat [4]. Post modum uero, Abbas et monachi predicti, a nobis impetrarunt, quod nundine prefate, per septem dies, continue festiuitatem prefatam sequentes, durarent, ita quod nos

[1] Extrait du cartulaire de Saint-Taurin d'Evreux.

[2] Philippe-Auguste.

[3] Jean, abbé de Saint-Taurin. Un titre entièrement conforme à celui-ci se trouve avec sa suscription aux archives du royaume.

[4] Cette foire ne devait durer qu'un seul jour, ainsi qu'il résulte des termes de la concession faite au monastère d'Evreux, par son fondateur Richard, duc de Normandie, mort en 996 : « Ricardus filius Willelmi dux Normannie, qui abbatiam in honore Sancti Taurini Ebroicensis instituit, hec que subscribuntur de dominio suo ipsi sancto donauit, scilicet... et in festiuitate Sancti Taurini nundinas totius ciuitatis, et omnes illius diei consuetudines. (*Charte de Richard, roi d'Angleterre, en* 1195.) » Mais, ainsi que nous l'avons dit, dès l'année 1180, les moines qui n'auraient pas oublié de faire valoir un titre antérieur, paraissent néanmoins avoir été en possession du droit de percevoir la coutume pendant huit jours; tel est le sens que nous croyons devoir donner à ces mots : « salua tamen septima Sancti Taurini (n° 7). » Philippe-Auguste nous paraît donc avoir seulement ratifié cette usurpation, en s'attribuant la moitié des droits perçus.

et successores nostri, in nundinis illis octo dierum, meditatem in perpetuum haberemus per omnia, et predicti Abbas et monachi, aliam haberent medietatem. Quod ut perpetuum robur obtineat, sigilli nostri auctoritate, et regii nominis caractere, inferius annotato, presentem paginam, confirmauimus. Actum Ebroicis, anno ab incarnatione domini M. CC. VII. Regni uero nostri, anno vicesimo nono, astantibus in palatio nostro, quorum nomina subposita sunt et signa. Dapifero nullo. Signum Guidonis Busticularii. S. Mathei Camerarii. S. Droconis Constabularii. Data vacante Cancellaria, per manum Fratris Guarini.

XIII.

L'ABBÉ DE SAINT-TAURIN REÇOIT LES AMENDES DES CONDAMNATIONS PRONONCÉES EN RAISON DE LA FOIRE DE SAINT-TAURIN [1].

Anno Domini millesimo ducentesimo nonagesimo quarto, die jouis post Penthecostem, recepit Dominus SYMON [2], Abbas Sancti Taurini, sexaginta et decem solidos turonenses, a Petro de Condriaus, Vicecomite Ebroycensi, per manus Baldouini, nepotis dicti Vicecomitis, pro dimidia parte expletorum, de maleficiis et inobedienciis, factis in nundinis Sancti Taurini, a personis infrascriptis; videlicet, pro emenda facta a Robino de Ardena, super insultu et clamore de Harou [3], factis ab ipso, in vico de Triasnon [4], tempore dictarum nundinarum, L. s. de summa C. s.; item pro emenda facta, a Symone de Cultura,

---

[1] Extrait du petit cartulaire de Saint-Taurin.
[2] Simon, abbé de Saint-Taurin depuis 1186 jusqu'à 1195.
[3] Clameur de haro.
[4] La rue Trianon, à Evreux.

armigero, pro inobedientia, tempore nundinarum, facta Radulfo de Bello-Monte, tunc Vicecomiti Ebroicensi; idem armiger, noluit accedere ad mandatum ipsius vicecomitis, xx. s., de summa xl. s.[1] Presentibus in dicta solutione, Baldouino, qui dictam peccuniam soluit, Guillelmo dicto Bende, Nicholao Noblet, Petro Barbitonsore, Johanne Le Verrier, clerico, Reginaldo, presbytero de Sisseyo[2], Roberto de Maereul armigero, Guillelmo Petit, Guilloto et Martino, filiis Guillelmi Bende, quibus filiis dedit Dominus Abbas, in testimonium premissorum, duos denarios, ad emendum cerasa[3], fratribus

---

[1] Nous désirions indiquer ici le taux des diverses amendes et donner la nomenclature des délits auxquels elles devaient être appliquées, mais le petit nombre de renseignements qui subsistent ne l'a pas permis; nous nous bornerons à quelques citations extraites d'un compte de l'an 1297 : « xx s. de lamende Marquet le Preuost, por cri et harou et bateure fete a Estienne Le Saunier, en plain marchie....... Item de Henry Le Nerichu et de Robin Lebarbier. xx s. pour 1. juif que il destrousserent en chemin et hosterent lespee et pigons que il portoit, a cris et a harou outre sa volente..... Henri de Caugi paia ii. s. por ceu que il hurta 1. boriois de Maante, si que son chaperon li chai a terre. »

Le prieur de la Léproserie de Saint-Nicolas avait, à la même époque, le droit de faire exécuter aux fourches patibulaires les individus condamnés à mort pour faits commis pendant la foire de Saint-Nicolas; mais ce droit, qui leur fut confirmé par Charles VI, en 1403, ne paraît pas avoir appartenu aux moines de Saint-Taurin.

[2] Sissei, canton de Saint-André.

[3] Pour acheter des cerises. Il serait impossible d'énumérer toutes les formes singulières ou bizarres à l'aide desquelles on cherchait jadis à graver les faits et les actes importants dans la mémoire des témoins, et surtout des enfants; ces détails nous paraissent si importants pour l'étude des mœurs et des usages, que nous avons cru devoir citer les deux suivants non moins singuliers : « Robertus princeps dedit S. Petro ad Pratellum, ex suo dominio unam villam quæ vulgo

Ricardo de Sancto Georgio et Roberto de Baquepuiz, monachis Sancti Taurini.

XIV.

SUPPRESSION DE LA RUE DU VAUPILLON [1].

Loys [2], fiz de Roy de France, Conte d'Euureus, a touz ceus qui ces letres verront, salut. Comme nous, par la vertu d'un arrest que nous auion en la court de France, eussons fet desclorre et ourir une ruele en la cite d'Euureus [3], entre la

Turstini-villa vocatur.... Huic rei interfuerunt.... Hunfridus, constructor ejusdem loci, cum filiis suis Rogerio et Roberto-Willelmo, qui etiam à patre ob causam memoriæ, colaphum suscepit. Suscepit etiam alium Colaphum Richardus de Lillabona, qui vocream vini comitis Roberti ferebat; qui, cum requireret, cur sibi Hunfridus permaximum colaphum dedisset, respondit : quia tu junior me es, et forte multo vives tempore, erisque testis hujus rationis, cum res poposcerit. *D. Bouquet.* XI. 387. » — « Pontius, Tolosanus Comes, eo nomine tertius, anno 1045, quandam Moisiacensi abbatiæ donationem fecit, et in signum sue concessionis, ungulum sui pollicis in tantum abscidit, ut in hujus facti memoriam sanguis ex ipso exierit, ipsum que locum Saluitatem vocari et esse ab eo die constituit. *Idem.* »

[1] Extrait du cartulaire du chapitre d'Evreux.

[2] Louis de France, fils de Philippe le Hardi et frère de Philippe le Bel, né en 1276; deux petits vitraux de la première chapelle de la cathédrale, du côté de l'évêché, représentent ce prince avec Marguerite sa femme; l'un et l'autre sont à genoux, et sur leur manteau ducal on voit leurs armoiries, qui depuis sont devenues celles de la ville d'Evreux : d'azur à trois fleurs de lys d'or, au bâton componé d'argent, et de gueules en bande brochant sur le tout. (*M. d'Avannes*).

[3] La rue du Vaupillon, dont il ne subsiste plus qu'une partie, nommée autrefois le bout du monde, entre les maisons de MM. Hébert et Horeau, conduisait de la porte du Doienné à la rue du Dégré-Giguel ou du Ravelin, presque sur l'emplacement de la rue du Château.

meson Sebastien de Agueigne, chanoine, et monsieur Guernier, vicaire en liglise d'Euureus, a l'un bout, et les jardins des mesons mestre Vincent Letrauaillie et Drieue Dableges, chanoines dicele eglise, a lautre bout; et le Deen et le Chapitre d'Euureus, nous eussent requis et prie pource que la dite ruele estoit perilleuse et i ot jadis tue un des chanoignes d'Euureus et pour les laidures et vilanies que len i fesoit; que nous de grace lour otroiisson, que il peussent clore et tenir close a touz jours mes, la dite ruele, chacun en droit soi, ou si comme il lour pleroit. Sachent touz, que pour la bone volente que nous auon a lour eglise, nous lour otroions et nous consentons que eus puissent clorre et tenir close la dite ruele, des or mes a perpetute, chacun en droit soi, ou autrement, si comme il lour plera; et voulons que il i puissent edefier si lour plet, sanz ce que nous i reclamons riens des ore en auant, et sanz ce que ce, ne nous tourne, ne ne puisse tourner a preiudice en la justice des autres rues, ne des autres chemins de la dite cite, en saisine, ou en propriete, ne en notre arrest dessus dit, ne en autres choses quieles queles soient; ce sauf aussi, par deuers les diz Deen et Chapitre, que la grace desus dite, que nous lour auon fete, ne lour face preiudice en nule autre chose, ne que par ceu nous aqueron souuerainete, ne segnorie en eus, ne en lour choses. En tesmoing de la quele chose, nous auon ces presentes lettres scellees de notre seel. Donne et fet, le jour de l'Acenssion notre seigneur, lan de grace mil trois cenz et seize.

Les maisons canoniales avaient toutes une issue sur cette rue, par laquelle on allait du château à la cathédrale.

Un chanoine ayant été assassiné dans ce passage, lorsqu'il allait à matines, ses confrères réclamèrent la fermeture de cette rue.

XV.

Droits du Chapitre dans la Forêt d'Evreux [1].

Nous, Loys, fils de Roy de France, Conte d'Eureus et Doien et Chapitre de leglise Notre Dame diceu lieu, faisou asauoir a tous. Que comme contens et debat fut entre nous sus ceu que nous Doien et Chapitre disions que nous auions danciennete et estions en saisine dauoir notre usage en la forest d'Eureus pour notre ardoir, aussi comme les bourgois d'Eureus, et dauoir bois pour reparer, refaire et soustenir leglise Notre Dame d'Eureus, et dauoir perches, fourches et eschalaz pour noz anciennes vignes de leglise, et bois vert pour boisser la crois le jour de Pasques Flories [2] et bastons pour notre gieu des quilles que nous faisons a lamiquareme [3], et perches pour nestoier et

---

[1] Extrait du cartulaire du chapitre d'Evreux.

[2] Le dimanche des Rameaux.

[3] Nous ignorons si le jour de la mi-carême portait un nom spécial dans la série des fêtes de fous qui se célébraient à Evreux ; mais c'est bien à lui que s'applique cette citation d'un titre qui n'existe plus : « Ludunt ad quillas super voltas ecclesiæ, faciunt podia, choreas et choros et reliqua sicut in natalibus. » Nous ne répugnons pas à voir les chanoines jouer aux quilles, et même danser sur les voûtes de la cathédrale, lorsque nous savons que l'archevêque de Rouen, Odon Rigaud, ne pouvait réformer de semblables excès dans les monastères de son diocèse, qu'il s'en plaignait surtout dans les couvents de femmes, et que longtemps encore après lui les conciles prescrivaient la réforme de ces abus.

Les voûtes de la cathédrale portent encore à Evreux des traces de ces jeux; aux angles intérieurs des tourelles de la façade septentrionale, deux petites figures sculptées sur la pierre, en face des voûtes, représentent d'un côté la folie au rire acéré, tandis que de l'autre elle paraît s'endormir appuyée sur sa marotte; nous regrettons de ne pouvoir reproduire ces deux chefs-d'œuvre de malice, ignorés au milieu de tant d'autres du même genre.

housser leglise. Lesquels usages et franchises les Verdiers [1]
du dit Conte, qui, par le temps ont este et sont encore,
nous ont empeschies, deffenduz et deneez et font encore
atort et senz cause; et pour ce nous voulissons traire par
deuers notre sire le Roy, qui est notre gardien et notre
souuerain en toutes choses senz nul moien, pour a drecier
et mettre conseil en lempeschement, deffense et deue
dessus diz, sanz ceu que nous traissons par deuers le dit
Conte ne sa gent; et disions que faire le poions et deuions;
Nous, Conte dessus dit, disant le contraire, par pluseurs
raisons. A la parfin, nous sommes venus a accort et a pais
en tele maniere que, nous Conte dessus dit, voullons que
les deuant diz Doien et Chapitre aient desores mais en
notre dite forest d'Eureus et leur metons a deliure le dit
usage pour leur ardoir en paiant la mende et venant as
plaiz de notre verdier, comme noz bourgois d'Eureus, ce
excepte que noz serians ne les semondront pas, ne ne
iusticeront es lieus de la retenue notre sire le Roy. Et
vollons et leur otroions que es autres cas dessus diz, eus
aient leur usage et puissent user par la main de notre
verdier, excepte que pour nouuel edifice que facent
a present, ne ou temps auenir en la dite eglise, nous ne
vollons que il aient usage dauoir bois en notre dite forest
pour le faire. Et est accorde que se notre verdier d'Eureus
leur empeschoit desores mais, deffendoit, ou detourboit

Nous ne reviendrons pas sur la fête des Conards, ni sur la saint
Barnabé qui lui succéda, non plus que sur les extravagances de la saint
Vital, de sa procession noire, et de l'obit du chanoine Bouteille; ceux
qui désireraient de plus amples détails peuvent lire l'excellent article
que M. de Stabenrath a publié dans la revue de Rouen, 1838, et consulter Ducange, *Verbo*, abbas Conardorum, et la collection de dissertations, publiée par M. Leber, t. 9.

[1] Verdiers; gardes-forestiers.

les usages dessus diz, ou faisoit aucun grief ou desraison en yceus, que eus traheroient, ou vendroient par deuers nous, pour le faire adrecier; ancois que eus alassent par deuers le Roy, ne sa gent, pour nous requerre que nous ladrecissons, et amendissons, non pas come leur souuerain, ne leur juge, ne par voie de plaiderie, mais pour sauoir se nous tost et de plain voudrion oster lempeschement et le grief que notre verdier leur aroit fet es choses dessus dites. Et vollons que se nous estions en tel lieu, ou si loing, que eus ne peussent pas aisiement auoir accez a nous, ne venir sanz grans cous, et despens, que il peussent aler a notre baillif d'Eureus, en la manière que il est dessus dit; que vendroient a nous se il peoient faire aisiement, pour monstrer cy les empeschemens, ou griefz, que notre verdier leur aroit fait, senz ce que eus le acceptassent a souuerain, ne a juge, ne que eus se meissent en plaiderie par deuant luy; et se nous ou notre baillif requis en la maniere dessus dite, ne leur faisson oter ce que notre verdier leur aroit fait tort, et de plain, eus pourraient aler ailleurs la ou il cuidoroient que bien leur fust. Et promettons en bone foy lun a lautre de tenir et garder cest accort et de non venir encontre, saufz noz drois en autres choses et en toutes choses lautrui. En tesmoing et confermement de ces choses, Nous auons mis noz sceaus a ces dites lettres. Donne lan mil ccc dissept, le jour de la saint Hylaire [1].

XVI.

FONDATION DE LA CHAPELLE DU PARDON [2].

Nous CHARLES, par la grace de Dieu, Roy de Nauarre,

---

[1] Le 14 janvier.

[2] Extrait du cartulaire du chapitre d'Evreux, N° 19.
Nous avons publié, dans la Revue historique des cinq départements

et Conte d'Eureux, faisons sauoir a tous presens et aduenir, que nous, atendans la deuocion de pluseurs bonnes et catholiquez personnes deglise et seculieres, meues de bonne et deuote entencion, lesquelles en lonneur de Dieu, de sa glorieuse mere et de toute la court soueueraine de paradis, et especialement des benoitz appostres saint Pere, saint Poul et saint Johan leuuangeliste, ont ordene et establi la construcion d'un autel en l'eglise d'Eureux, pour le salut de leurs ames et de tous ceulx qui eslargiront leurs aumosnes a la perfection et substentacion dudit saint oeuure, auesquez une confrarie qui, chacun an, a plus grant gloire et exaltacion desdis appostres y ferra. Auquel hostel sera chacun jour celebree une messe aperpetuite, par tous les chappelains de ladite eglise, qui adce se sont soubzmis et obligies, et apres eulx par aultres qui semblablement sy subzmetront et obligeront, se mestiers est; a laquelle pluseurs belles et grans indulgences sont otroies par le Saint siége de Romme, au pourchas desdites personnes, si comme nous sommes plainement informes. Voullans, ledit oeuvre plus tost uenir a bonne perfection, et affin que des bienffais, omosnes, oroisons, et autres sainctes oeures de Dieu qui illec se feront, Nos prédecesseurs, Nous et Nos successeurs Contes d'Eureux, soions participans par l'intercession et prieres desdis benoitz sains appostres, Nous comme

de l'ancienne province de Normandie, 1837, le tableau relatif à cette ancienne fondation, exposé dans la cathédrale d'Evreux, près de la chapelle du Pardon; nous ne connaissions pas alors le titre original qui nous a été indiqué par M. Chassant.

C'est après le meurtre du connétable Charles d'Espagne, et en expiation de ce crime, que Charles le Mauvais fonda la chapelle et la confrairie du Pardon, à laquelle s'associèrent les principaux personnages du pays, et aux cérémonies de laquelle il assistait régulièrement et dévotement, ainsi qu'on peut le voir dans l'histoire d'Evreux.

principal fondeur dudit autel, le auons done et donons pour nous et nos successeurs, de dix liures a tournois de rente, à prendre chacun an perpetuelment, sur notre recepte d'Eureux, a deux termes, cest assauoir la moictie a la toussains et l'autre moictie a lassencion notre seigneur, pour distribuer et conuertir au prouffit des chappellains dessusdis; promectans sur l'obligacion de tous nos biens et de nos successeurs Contes d'Eureux, lesquelx quant ad ce nous voulons semblablement estre tenus et obligies, tenir et acomplir a tousiours mes, la dotacion et donacion dessusdites. Mandons a nostre Recepueur dudit lieu qui est a present, et a ceulx qui pour le temps aduenir seront, que les dites dix liures tournois de rente perpetuelle, il paient chacun an par la maniere et aux termes dessusdis. Et nous voulons et commandons, que tout ce qu'il apperra eulx en auoir paie, leur soit alloue en leurs comptes et rabatu de leur recepte par les gens des Comptes de nous et de nos successeurs, ou par ceulx qui ad ce seront depputez et que ce soit ferme et estable a tousiours, nous auons fait mettre notre grant seel a ces presentes. Donne a Eureux, l'an de grace mil ccc cinquante et trois, ou mois de juillet.

Par le Roy. G. Tauernier.

Au dos de ces lettres estoit escript ce qui suit :

Post vero et circa confectionem litterarum presencium, obligarunt se sponte, omnes et singuli capellani Ebroicensis ecclesiae, pro se et successoribus eorumdem, ultra ea quae in albo [1] continentur, dicere singulis diebus in perpetuam collectam, unam pro nobis et successoribus nostris quociens ipsorum et eorum quenlibet contingerit celebrare, prout in litteris obligantur super haec, sub sigillo

---

[1] Le côté blanc du parchemin.

capituli dicti confectis, quas penes nos jussimus apponi, lacius videbitur contineri. Quod ut memoriac commendetur fecimus hic conscribi. Actum in domo nostra Sancti Germani prope Ebroicas [1], xxviii[a] die octobris, anno quo infra.

Ex jussu Domini Cancellarii. Ainsi signé : J. Dutuertre.

XVII.

Lettre du Roi Jean, pour la restitution des Biens de l'Evêque et du Chapitre d'Evreux [2].

Johan, par la grace de Dieu, Roy de France, a tous les justiciers de notre royaulme et a leurs lieuxtenans et a chacun diceulx, salut. De par nos ames et feaux lEuesque, Doien et Chappitre dEureux, nous est done a entendre que plusieurs biens de leur eglise et deulx, sont prins,

---

[1] Le château de Saint-Germain de Navarre, près Evreux, bâti par la comtesse Jeanne, sur le bord de l'Iton, dont le cours a été détourné depuis ; ce château, dont on ne voit plus aucunes traces, s'élevait à l'angle du bassin, à gauche de la grande avenue, et sur une partie de cette même avenue, en face de l'Eglise de Saint-Germain, un peu en avant de celui qui vient d'être détruit en 1837 ; les canaux qui conduisent l'eau dans les bassins nous paraissent indiquer encore l'ancien cours de la rivière. Les actes de cette époque désignent toujours le château de Navarre par *Domus*, tandis que le château d'Evreux l'était par *Castrum* ou par *Castellum ;* il est donc naturel d'en conclure que le château de Navarre, qui ne soutint aucun siége à une époque où ils étaient si fréquents, n'avait des tourelles que comme ornement féodal, et que le château d'Evreux était le lieu où se retiraient les Comtes, lorsque la guerre les faisait déserter cette maison de plaisance.

[2] Extrait d'un Vidimus du Garde-de-scel de la Prévôté de Paris, inséré au cartulaire du chapitre d'Evreux, N° 20, appartenant aux archives de l'Eure ; communiqué par M. Chassant.

detenus et emportes de plusieurs personnes, gens darmes, souldaiers et aultres [1], lesquelx biens ils detiennent, et rendre et restituer reffeusent audessus dis euesque, doien et chappitre, en grant grief, preiudice et domage diceulx, et de ladite eglise. Si vous mandons et estroictement, commandons, et a chacun de vous que lesdis biens de quel condicion que il soient, vous facies rendre et restituer tost et hastiuement et sans delay, audessusdis doyen et chappitre, ou a ceulx qui deulx aront cause par vous ou par autres depputez de par vous, a la requeste des dessusdis. Mandons et commandons a tous nos subjies, que audit euesque, doyen et chappitre, donnent conseil, confort et aide sil en ont mestier, et a tous nos subies quilz obeissent et entendent a vous, ou a depputez de par vous diligemment en ce faisant. Donne a Dreux, le xxve jour de juin, lan mil iii.^{c} cinquante et six, soubz notre seel secret, en labsence du grant. Ainsi signe. Es requestes de lostel. Yvo. Bucy.

[1] Pendant la captivité de Charles le Mauvais, le roi Jean voulant s'emparer d'Evreux, vint mettre le siége devant cette ville. Froissard nous apprend que le roi de France ne pût s'en rendre maître qu'après de longs combats; la ville fût entièrement brûlée, et l'église cathédrale pillée, aussi bien par les Navarrois, que par les troupes du roi Jean. Peu de temps après, le roi de France fit restituer au chapitre les biens qui lui avaient été dérobés dans ce désastre. C'est à cet événement que nous croyons devoir attribuer un incendie de la cathédrale, dont les traces subsistent encore profondément gravées sur les murs supérieurs de la nef, entre la croisée et la tour du Gros-Pierre. Voyez l'*Histoire de Charles II* et *Froissard*.

XVIII.

LETTRES ROYAULX, SUR LE FAIT DU CONRROY [1].

CHARLES, par la grace de Dieu, Roy de France; Au premier huissier de notre Parlement, ou aultre notre sergent, auquel ces presentes letres seront presentees, salut. Complaings se sont a nous, nos biensames doyen et chappitre deglise dEureux, estant en notre sauuegarde, auesques leurs familliers, possessions et biens, disans quil est use et acoustume dancienete en leglise dEureux, que lEuesque dicelle eglise, quiconque il soit, est tenu daller en sa persone, a ladite eglise dEureux, chacun an, aux festes solempnelles, cest assauoir, de la Natiuite, de la Resurrection Notre Seigneur, et de la Penthecouste, aussi aux festes de la Supposicion de la Natiuite et de la Purificacion Notre Dame, a une autre feste solempnelle telle que il plaist a eslire audit Euesque, en son nouuel aduenement a ladite eglise, auxquelles festes ledit Euesque doit celebrer le diuin seruice en ladite eglise, et sont iceulx

---

[1] Extrait du cartulaire N° 20, du chapitre d'Evreux; communiqué par M. Chassant.

Conredium sive procuratio. — Procuratio, quodvis convivium. — Conredium, corredium : Mensæ apparatus.

Li mangiers fu richement conree.

Et tantost se meirent les Francois en Conroy. *Ducange.*

Le Conrroy, dit Chemin, dans son histoire d'Evreux, est un repas que l'Evêque doit à son chapitre, avec une distribution d'argent, pour marquer la vie commune qui était autrefois entre lui et les chanoines.

Le Brasseur dit que ce repas s'appelait Conroy, parce que chacun des chanoines devait être rasé ce jour-là, et avoir la couronne faite; nous ne savons où il a puisé cette interprétation.

chappitre en possession et saisine que a chacune feste dicelles dessusdites, a la dite eglise, ausdites festes solempnelles, et a chacune dicelles, il est tenus de administrer et doner a disner honorablement par maniere de procuracion, ausdis doyen et chappitre, aux chappelains beneficiers, aux clers du cuer, au sonneur des cloches, et a tous les officiers et seruiteurs de ladite eglise, et a luniuersite dicelle, exepte seullement quant ledit euesque est absent de leglise, pour cause necessaire; laquelle cause il est tenu de segneffier par ydoine excuseur, ausdis doyen et chappitre, et subroguer en son lieu aucun chanoine, pour faire le diuin seruice; ouquel cas il est tenus de paier en lieu de procuration xl s. t. a distribuer eu chacune desdictes festes, a ceulx du Colliege de ladicte Eglise, par la maniere acoustumee, et de ce sont lesdis doyen et chappitre en bonne possession et saisine, et des possessions et saisines dessusdictes ont jouy, use et exploictie paisiblement lesdis doyen et chappitre et leurs predecesseurs par tel et si long temps quil nest memoire du contraire, ou quil souffist et doit souffire a bonne possession et saisine auoir acquise et retenir. Neantmoins notre ame et feal, lEuesque dEureux, qui est a present, de sa vollente, sans cause necessaire, signifiee audit chappitre de son absence, et sans aucun surroguer en son lieu, pour faire le diuin seruice, a cesse de paier entierement lesdictes procuracions aux festes solempnelles, escheuz depuis sa promocion audit eueschie; lesquelles procuracions, il doit pour la plus grant partie, et si est reffusant de les paier, qui peuent bien estre estimees pour chacune feste dessusdite a cent frans ou environ, en venant contre les usaiges et obseruances de ladicte eglise et en troublant et empechant lesdis complaignans en leursdictes possessions et saisines a tort, sans cause et indeuement, ou grant preiudice et domage desdis suppliants, si comme ilz dient, suppliant humblement leur estre sur ce pourueu de justice et de conuenable remede. Pour ce est il que nous qui sommes protecteur et deffendeur de leglise, desirans les eglises estre gardees et maintenus en leurs drois, saisines et pocessions, te mandons et commectons que tu faces commandement de par nous ausdit euesque, quil face satisfaccion ausdis doyen et chappitre, desdictes procuracions, soubz lestimacion deuant dicte, deduit et rabatu ce que ledict euesque ou ses gens en ont paie, en le contraignant a ce par la prinse de son temporel et autrement, deuement et que dores en auant garde les usaiges et obseruances dessusdis en tenant et gardant lesdis doyen et chappitre en leursdictes pocessions et saisines, ostes tous empechemens; et en cas dopposicion, contradicion, ou reffus, atendu que ledit euesque est resident a Paris, ou il a son conseil, et que les parties ont autrez causes introduites en notre court de Parlement, adiourne ledit euesque, aux jours de la Duchie de Normendie, de notre parlement prouchain aduenir, pour dire les causes de son opposicion, rendre ausdis supplians sur les choses dessusdictes et leurs deppendences, et proceder en oultre selon raison, en certiffiant ausdis jours deuement nos ames et fealz gens qui tendront notredit parlement, dudit adiournement et de ce qui par toy sera fait des choses dessus dites. Car ainsi nous plaist il estre fait, et ausdis doyen et chappitre, lauons octroie et octroions de grace especial par ces presentes, nonobstant quelzconques lettres subrepticcs empetrees ou a empetrer au contraire. Donne a Montargis, le xviie jour doctobre, lan de grace mil ccc lxix, et de notre regne, le xvie.

Ainsi signe : Es requestes de lostel, Le Sesne.

XIX.

CONFIRMATION DES PRIVILÉGES DES FRANCS BOURGEOIS DE LA TOUR DU CHATEAU D'EVREUX [1].

CHARLES, par la grace de Dieu, Roy de France. Au Bailli d'Evreux ou à son Lieutenant : salut. Pierre Le Charon, Jehan Le Picart, Rogier Le Peletier, Jehan de Romois, Robert Nicole, Guillebert Lormier, Jehan Le Lavendier Loir, Maistre Jehan Lescrivain, et Rogier Bigot, eulx disans les Frans Bourgois de la Tour du Chastel d'Evreulx, pour eulx et les autres Frans de ladicte Tour, Nous ont fait exposer comme ou temps du bon Conte Symon, qui ot la Conté d'Evreux par partage de nos predecesseurs Rois de France, il feust venu si grant quantité de Gens d'armes ennemis du royaume en la ville d'Evreux, que par la grant force d'eulx, la ville d'Evreux fu prinse; [2] et tant que ledit Conte Symon se retrahi en la Tour du Chastel d'Evreux; [3] et lors vindrent les Bourgois de ladicte ville prédécesseurs desdiz exposans, qui estoient demourans à la porte dudit Chastel, et la garderent telement que par eux ledit Chastel fut sauvé, et pluseurs des diz Bourgois

---

[1] *Ordonnances des Rois de France de la 3e race*, t. 7, p. 201.

Aucuns de nos historiens ne font mention de ces priviléges, ni des faits qui les ont mérités aux défenseurs du donjon; ces détails, pour ainsi dire inconnus, nous ont paru devoir intéresser nos concitoyens, en jetant un peu d'intérêt sur cette époque de notre histoire.

[2] Ce siége ne peut être que celui dans lequel Philippe-Auguste, en 1194, incendia la ville et la cathédrale.

[3] La tour du donjon du château d'Evreux était à peu près à l'emplacement qu'occupe aujourd'hui la tour de l'Horloge; c'est ce qui nous indiquent les anciens plans de la ville. Il y avait encore à l'angle du château et des deux fossés, une autre tour dite la Grosse Tour du Châtel.

y moururent de fain, et quant ilz estoient mors, on les mettoit aux Garites tous armez, pour faire signe que ledit Chastel estoit bien garni de Gens d'armes ; et le firent par telle voie, que le siege qui estoit devant ledit Chastel tenu et assiegé d'iceulx ennemis du Royaume, se parti et s'en ala; et aux diz Bourgois qui porent demourer en vie, ledit Conte Symon donna à héritage et à leurs hoirs, les franchises qui ensuivent; lesqueles leur furent confermées de noz prédécesseurs Roiz de France; c'est assavoir, que il auroient leurs pors frans en la Forest d'Evreux, ou temps de Pasnage[1] et Pasturage[2] pour toutes leurs bestes paissans herbes, en toutes les saisons de l'an; et Pasturages communs, senz en riens payer aux Ramageurs[3]; et que ilz seroient frans de vendre et d'acheter toutes denrées en ladicte ville d'Evreux, de Foage[4], de Forage[5], de Host[6], de Chevauchée[7], de Guet[8], d'Arrereguet[9], de repparacions de Villes, de Fossez, et de toutes subvencions qui pourroient avenir, et que l'en pourroit mettre suz et imposer en ladite ville d'Evreux et pais, par quelque voie et pour quelconque cause ou raison que ce feust; et généralement de toutes autres Coustumes;

[1] Pasnage; paisson des porcs.

[2] Pasturage; paisson des autres animaux.

[3] Ramageurs; gardes de forêt.

[4] Fouage; tribut imposé par le Seigneur sur chaque feu et ménage, pour jouir de la permission de couper, dans une forêt, le bois nécessaire à sa consommation.

[5] Forage; impôt sur le vin vendu en détail.

[6] Host; redevance pour loyer.

[7] Chevauchée; obligation des vassaux de marcher pour défendre leur seigneur féodal, lorsqu'il était attaqué.

[8] Guet; garde de ville.

[9] Arrereguet; réserve du guet.

et que ilz seroient frans d'aler aux Voues[1], aux Enquestes, et aux Criz de Haro, et de tous autres servages quelconques; et avec ce, seroient franz au Molin Folerez[2] dudit Conte d'Evreux, pour payer demie fouleure; et aux Molins à blé, pour demie moulture; et se aucuns d'eulx aloit demourer en Hostelvillain[3], il seroit franc a cause de sa personne, tant comme il y demourroit; et lesqueles franchises furent données et confermées comme dit est, en tele manière que desdictes franchises, il n'y aroit franc desdictes lignes, excepté ceulx qui seroient aisnez de chascune d'icelle lignes, et ne pourroient lesdictes franchises vendre ne transporter en autres lignes, se de grace et octroy dudit Conte ou de Nous, n'estoit; et par ainsi qu'ils seroient tenuz de faire huit jours de service à leurs despens, à la porte dudit Chastel d'Evreux, en temps de guerre; et se plus y estoient, ce seroit aux despens dudit Conte; et pour ces choses, et afin qu'il en soit memoire perpétuel, eulz sont tenuz de faire chanter une Messe de Requiem, a Dyacre et a Soubz-Diacre, qui a esté celebrée par chascun an en la chapelle dudit Chastel d'Evreux, le premier mardi du mois de may, pour commémoracion de noz predecesseurs Roiz de France et dudit Conte Symon; et à ce jour, chascun d'eulx doit payer certaine rente, si comme leurs prédécesseurs la donnèrent; l'un un pain, l'autre un denier, l'autre un quartier de mouton; et se il y a aucuns défaillans d'estre à ladicte Messe, et de payer ladicte rente, il perdra sa franchise un an et un jour; desqueles franchises dessus déclairées, eulx et leurs pré-

---

[1] Voues; enquête pour constater la situation d'un lieu.

[2] Molin Folerez; moulin à foulon.

[3] Hostelvillain; hôtel d'une personne hors d'état de jouir de ces priviléges.

decesseurs ont joy paisiblement par tant de temps qu'il n'est memoire du contraire, jusques a nagaires que l'en leur a voulu et encores veult empeschier, en les contraignant ainsi que l'en fait ceulx qui ne sont de leur condicion, et qui n'ont aucunes franchises; et leurs lettres qu'ilz avoient sur ce dudit Conte Symon, confermées de noz prédécesseurs Rois de France, feussent arses ou perdues, quant les Anglois estoient au Nuef-Bourc [1] et ailleurs, qui ardirent partie des Forsbours d'Evreux [2], en leur grant grief, préjudice et dommage, et lésion de leurs dictes franchises, si comme ilz dient : supplians que sur ce leur veuillons pourveoir de remède gracieux et convenable. Pourquoy, Nous te mandons, que appellé nostre Procureur, tu te informes bien et diligemment de et sur les choses dessus dictes; et se par l'Informacion [3] ou autrement deuement, il t'appert lesdits droiz et franchises avoir esté ainsi données et confermées auxdiz supplians ou à leurs prédécesseurs, et qu'il en aient usé par les temps passés paisiblement, comme dit est, tu iceulx supplians aussi en fay et seuffre joir et user paisiblement, en ostant tout empeschement indeuement mis au contraire. Donné à Paris, le xxe jour de Novembre, l'an de grace mil CCC LXXVIII et de nostre Regne, le xve. Et estoient ainsi signées en marge : És Requestes par Vous tenues du commandement du Roy. P. DE DISY. Et en la queüe. F. DE METIS.

[1] Le Neubourg.

[2] Prise des faubourgs d'Evreux par les troupes de Charles V, commandées par le sire de Coucy et le sire de La Rivière. *Voy. Froissard* et *Secousse*.

[3] Ce titre est suivi d'une enquête que son étendue nous empêche d'insérer ici; elle confirme les faits avancés ci-dessus, sans en indiquer aucuns nouveaux.

XX.

Election des Conseillers et Gouverneurs de la ville d'Evreux [1].

A tous ceulx qui ces letres verront ou orront, Pierres de Hargeville, Cheualier, Bailli dEureux, de Beaumont le Rogier et dOrbec, salut; sauoir faisons que au jour dhuy vindrent et furent presens par deuant nous Jehan Le Franc, Guillaume Le Mere, Thomas Espringuet, Thomas Houel, Michel Le Moyne, Colin Delalier, Michon Le Moyne, Jehan Des Haiez, Regnaudin Le Cheron, Guillaume Honnet, Jehan Guerie, dict Le Postom, Jehan Henny, Jehan Letellier, Guillaume Pestremol, Jehan Le Franchoys, Laisne, Jehan Pommeret dit Villevaut, Jehan Raoullet, Giraut Des Cageulx, Martin Du Gerie, Jehan Piagon, Jehan Des Cronez, Guillaume Des Mares, Jehan Guibert, Simon Leboulleurs, Pierres Pinchon, Lucas

---

[1] Extrait des archives de l'Hôtel-de-Ville d'Evreux.

Cet acte est le plus ancien document connu sur l'organisation et l'administration municipale de notre cité; depuis longtemps, les titres qui renfermaient ses priviléges, ont disparu des archives municipales, puisque des inventaires du xvie siècle n'en indiquent aucuns.

Nous pensons aussi que Le Brasseur a commis une erreur en disant que Louis XI, en 1481, établit à Evreux un maire, six échevins et un procureur, choisis entre les bourgeois et par eux, pour défendre les intérêts de la ville; les recherches les plus actives, tant aux archives du royaume qu'à la bibliothèque royale, n'ont pu faire découvrir cette pièce; tous les titres de nomination, postérieurs à cette époque, sont absolument conformes à celui-ci, et les quittances et mandements, jusqu'à la fin du xvie siècle, sont toujours ordonnancés par les procureurs et gouverneurs de la ville, sans qu'il soit jamais mention du maire ni des échevins. Au xviie siècle seulement, nous voyons un maire perpétuel.

Chaspes, Jehan Perronelle, Gieffroy Tronquet, Simon Leaintre, Philipot Goulu, Jehan Labbe, Simon Chappel, Robert Desquetot, Gillebert Lourent, Colin Catin, Simon Des Loges, Regnault Duchemin, Jehan Lespre, Robert Mingnart, Pierres Parmut, Robert Belli, Guillaume Mahour, Robert Delacourt, Guillaume Le Bonnellier, Guillaume De Mesieres, Jehan Le Mancael, Guillaume Bonnet, Noel Le Francoiz, Raoul Des Consseux Dieu, Jehan Mareschal, Guillaume Bellier, Pierres Lebrasseur, Pierres Jolis, Chardon Domes, Fouquet, Tresse, Jehan Clerisse, Raoul Le Franchoiz, Jehan Courettis, Guillaume Le Maignen, Pierres Vallerine, Jehan Le Viconte, Guillaume Le Mestie, Pierres Boissel, Robin Cappet, Thomas Marc, Durant Famet, Drouyn Le Villat, Pierre Lecheualier, Jehan Dauy, Jehan Pinchon le jeune, Pierres Baron, Jehan Souchet, Jehan Le Viconte, Guillaume Le Mestre, Fermanny Comtoiz, Guillaume Quesnel, Jehan Duglen, Guillaume Le Frilleux, Gieffroy Pesteil, Jehan Du Chastel, Michault Laignel, Philipe Cubin, Guillot Delozon, Pierre Le Cheron, Jehan Lefrenchoiz le jeune, Guillaume le Moysne, Thomas De La Motte, Bellot Leconte, Guillaume Debonneuille, Pierre Hardouin, Jehan Sauuage, Pierre Dargences, Jehan Dupre, Michault De La Mare, Robin de Cransi, Jehan Petiz, Gillebert Coulombel, Jehan Le Berton, Pierre Lancellin, Jehan Du Monchel, Pierre Cam, Henry Botel, Guillot Le Cheron et plusieurs autres, tous Bourgois et Habitants de la Ville, Cyte, Forsbours et Bourgoisie dEureux, faisans la plus grant et la plus saine partie des bourgoiz et habitans de la dicte ville et bourgoisie; assembles par nostre commandement et auctorite en nostre presence, en la halle aux draps de ladicte ville dEureux, pour aduiser sur le fait et gouuernement de la dicte ville, les quelx pour eulx et en leurs noms et pour le prouffit et utillitte de la dicte ville et bourgoisie et de tout le commun dicelle, firent ordonner, establirent et esleurent Jehan Le Franc, Jehan Des Haiez, Robert Mingnart et Gerart des Cageux, leurs Conseilliers et Procureurs, pour conseiller et aduiser sur toutes manieres de faiz, touchant la dicte Ville, et le fait et gouuernement dicelle; et leur donnerent pouoir et auctorite de bien visiter et aduiser sur toutes choses quelconques, touchans et regardans ladicte Ville et sur toutes manieres de gens qui sentremettent ou entremettront des faiz et gouuernement dicelle, juques a troiz ans commenchans du jour duy, et de faire faire par le receueur de la dicte ville, tous paiemens a toutes gens quielx qui soient, par la cedulle des quatre, des troiz ou des deux diceulx enssemble, en l'absence des autres, ou par leur commandement, et pour veir, ouir, recepuoir et examiner le faict des comptes du receueur, ou receueurs de la dicte ville pour les diz bourgoiz et habitans, et ont et auront iceulx conseilliers dessus nommez, les iiij les iij ou les deux diceulx ensembles, en labsence des autres, puissansse de assembler, conseiller et aduiser pour le fait, estat et gouuernement de la dicte ville, toutesfoiz, que mestier sera et sur toutes choses qui avendront, sur quoy il esconuendra consellier et aduiser pour le bon estat de ladicte ville; et pour ce faire, les diz bourgoiz et habitans dessus nommes enssembles en nostre presence comme dit est, tant pour eulx que pour les autres bourgoiz et habitans de la dicte ville, cicte et bourgoisie dEureux, ordonner et acorder que iceulx consellier, procureurs, dessus nommes, auront et prendront salleres pens par chascun an, cest assauoir, ledit Jehan Le Franc, dix liures tournois par an, et les diz Jehan Des Haiez, Robert Mingart, et Gerart Des Cageux, chacun cent soulx tournois par an, tant quilz seruiront ou dit office a estre paiez sur les gens de ladite ville, ou sur le receueur dicelle; et auecques ce promirent tout ce que par les quatre conselliers dessus nommez les troiz, ou les deux diceulx enssemble, en labsence des autres, comme dit est, sera fait, dict, aduise, conseille, ou autrement, ordonne en ce que dit est, et en ce qui en despent, ou peut despendre. En temoin de ce, nous auons mis a ces lettres le grant seel aux causes dudit bailliage. Ce fut feict le iiii[e] jour de septembre lan de grace mil trois cens quatre vins et dix huit.

XXI.

Droits du Chapitre sur les Biens de l'Évêché en régale [1].

L'an de grace mil iiii[c] xxiii, le venredi ix[e] jour dauril apres Pasques, deuant Nous Jehan Harpeley, Escuier, Bailli dEureux, furent presens Venerables et Discreptes personnes, Maistre Guillaume De La Selle, Doyen dEureux [2], et Messire Jehan Le Rouyer, prestre Chantre; lesquelx firent amende, tant pour eulx, comme pour les autres seigneurs de chappitre, de certain jugement, qui pieça auoit este plaidie deuant Gilles Le Mectoier, lors lieutenant de monseigneur Johan de Radclif, Cheualier, Bailli dEureux, entre le procureur du Roy notre sire, d'une part; et lesdis seigneurs de chappitre, dautre. Lequel jugement auoit este prins sur ce que ledit procureur contendoit vers lesdis seigneurs, quilz feissent amende pour ce quilz estoient alles sur le scelle du Roy notre sire, en lostel episcoppal de leuesque dEureux, et fait certaine fraction ou ouuerture de lhuys oudit hostel, estant lors en regalle, pour

---

[1] Extrait du cartulaire du chapitre, n° 20.

[2] Elu en 1421; vécut jusqu'en 1427.

la mort dudit euesque[1]; et lesdis seigneurs de chappitre, disoient que aincois que la main du Roy notre sire, fust mise en ladicte temporalite, ilz auoient mis la main en icelle, ou estant voullu entrer oudit hostel, dedens lostel ou estoient les registrez et seaulx de ladite court dicellui hostel eppiscoppal, pour iceulx mettre en leur main et estre sceuremeut gardes, disant que il leur appartenoit a fere le siege vaquant. Et par les raisons alleguees de part et dautre se mistrent en jugement qui fut jugie pour ledit procureur et contre lesdis seigneurs de chappitre qui en auoient appele comme de mal jugie, en leschiquier ordinaire de Normandie, ladicte amende faicte par les dessus dis au regard dudit attemptat seullement en la prsence dudit procureur du Roy, pour eschiver a rigueur de proces. Par ainsi que ce ne face, on porte aucun preiudice oudit temps aduenir audit chappitre et leurs drois demourans sains et entiers en toutes choses, toutesfois que leveschie escherroit en regalle comme ouparauant de ceste amende, et par auoir acquis par raison et consequence dicelle, aucun droit sur leur droit esperituel, a quoy ledit procureur ne mist aucun debat. Desquelles choses, les dessusdis, pour eux, et ou nom que dessus, nous requistrent cest memorial que nous leur auons octroie pour leur valloir et seruir ou temps aduenir, ce quil appartendra de raison. Donc pour tesmoing de ce, soubz le petit seel aux causes dudit bailliage, lan et jour dessusdis.

Ainsi signe : G. Lemesle.

---

[1] Guillaume de Cantiers, tué à Paris le 12 juin 1418. Ses biens furent pillés par les Anglais après sa mort. Voyez le *Brasseur*.

XXII.

Construction du Chateau d'Évreux[1].

Lan de grace mil cccc soixante trois, le dimanche quinziesme jour de may, deuant nous Michiel Mareschal, et Alexandre Robillard, clercs tabellions jurez pour le Roy notre Sire, a Eureux, fut present Girbert Mathe, clerc de honorable homme et saige Jehan Guedon, Viconte dudit Eureux, lequel certiffia et afferma par son serment, que le premier jour d'octobre derrenier passe, il fut ennuoie par ledit Viconte son maistre, de la ville dEureux deuers le Roy notredit seigneur, lors etant a Moliens, affin de faire scauoir audit Seigneur, auquel ledit Viconte escripuoit, que largent quil luy auoit pleu bailler et faire deliurer audit Viconte, pour employer en la maison quil luy auoit commandee estre faicte en son chastel dudit Eureux[2], estoit presque tout emploie, et quil lui pleust en faire deliurer dautre audit Viconte. Auquel lieu

---

[1] Archives de l'Eure, carton Joursanvault.

[2] Il ne reste plus aucunes traces des constructions de Louis XI dans le château d'Evreux; et les bâtiments actuels ne datent que du xviie siècle. Les gros murs d'enceinte dont les fondations ont été dernièrement détruites et dans lesquels on voyait encore les chaînes de briques romaines, appartenaient à la première enceinte de la ville d'Evreux, élevée depuis la chute de Médiolanum, et avec les débris arrachés à ses temples; toutes les fondations des murs de la cité se composent en effet de pierres de taille sculptées, absolument semblables à celles que nous retrouvons dans les débris des temples ou palais du Vieil-Evreux.

En 1652, lorsqu'on éleva le Château devenu Hôtel-de-Ville, l'architecte apprit que dans les fondations des tours d'enceinte encore subsistantes, il trouverait une grande quantité de pierres pour sa construction; il fit donc détruire l'une des plus considérables, celle de l'Espringalle, située à l'angle du jardin de l'Evêché et de l'allée des Soupirs, et découvrit, dit M. Durand, une immense quantité de pierres

de Moliens, ledit Girbert auoit presente ses lettres au Roy notredit Seigneur, et nauoit point este expedie, mais estoit alle apres ledit Seigneur, requerant et actandant tousiours son expedition; a Saumur, ou ledit Seigneur alla pour veoir jouer la Passion que le Roy de Cecille[1], faisoit jouer audit Saumur, dudit Saumur audit Moliens, dillec a la Flesche en Enjou, dillec audit Moliens, dillec a Saint Michault sur Loirt, dillec a Usse, dillec a Tours, dillec Amboise, dillec a Bleie, dillec a Cisse, dillec a Montchart, dillec audit Amboise, et dillec a Tours, ou il fut jusques au dimanche cinquesme jour du mois de decembre ensuiuant, quil rencontra audit Tours, ledit Viconte son maistre, lequel estoit venu illec pour la longue actente que auoit faicte ledit Girbert, et scauoir a quoy il tenoit quil nestoit expedie. Ouquel temps, a soixante six jours entiers, pour lequel voiage icellui Viconte sondit maistre lui auoit baille et fait deliurer a plusieurs foiz, la somme de quarante escuz dor quil auoit despenduz; cest assauoir en la despense de bouche de luy et de son cheual, par chacun jour dix solz tournois, vallent trente trois liures tournois; item en change de cheuaulx quinze liures tournois; item en ferrures, rembourremens de selles,

sculptées et d'inscriptions qu'il n'eût pas le bon esprit de conserver, et qui furent employées à orner les fenêtres du second étage.

Ayant récemment appris qu'il existait encore des traces de cette destruction, nous nous sommes transportés à cet endroit, où nous avons trouvé une espèce de voûte ou d'excavation creusée sous la masse du mur. L'extraction violente des pierres de tailles qui s'y trouvaient est constatée par le déplacement de quelques-unes, et nous avons parfaitement vu et manié des fragments de corniches et de chapiteaux et de pierres sculptées. La tradition populaire s'accorde du reste à dire qu'Evreux actuel a été bâti avec les débris d'Evreux ancien.

[1] Réné d'Anjou.

chaussez, soullez, pourpoins, que autres choses a lui necessaires durant ledit temps, douze liures tournois. Lesquelles parties montent a ladite somme de xl escuz dor. Laquelle somme ledit Girbert confessa auoir receue, et sen tint pour comptant et bien paie, et dicelle en quicta le Roy, notredit seigneur, ledit Viconte sondit maistre, et tous autres. En tesmoing de ce nous avons signe ces presentes de noz seings manuelz, les an et jour dessusdis.

Mareschal.   Robillard.

XXIII.

Députés du Baillage a Evreux aux États généraux tenus a Tours [1].

Loys, par la grâce de Dieu, Roy de France. Aux Bailli et Viconte dEureux, ou a leurs lieuxtenans, salut. De la partie de noz bien amez Maistre Roger de Tournebu, Chanoine Penitancier en leglise dEureux, [2] Jaques Le Moyne et Jehan Postel, nous a este humblement expose, que puis naguicres par laduis et ordonnance de gens deglise, manans et habitans de notre ville dEureux, ils ont este ordonnez et commis pour venir a lassemblee des trois estas generaulx de notredit royaume, par nous conuocquez et assemblez en cette ville de Tours, le premier jour de ce present moys dauril, pour les causes que auons fait dire et remonstrer a ladite assemblee [3]. Lesquelz exposans

[1] Tiré des archives de l'Hôtel-de-Ville.

[2] Il fut de nouveau député aux états tenus dans la même ville, en 1484.

[3] Les états qui ne durèrent que huit jours, du 6 au 14 avril, déclarèrent, « que le Roi ne devait acquiescer en la séparation du duché de Normandie, ne son transport en mains d'homme vivant que la sienne. » Voyez le procès-verbal de ces états généraux, rédigé par Jean Le Prevost, notaire et secrétaire du Roi. *Recueil général des anciennes Lois françaises*, t. 10, p. 547.

ont vacque et demoure par plusieurs iournees en leurdite charge et commission, tant en venant, seiournant que retournant, ainsi que plus a plain pourra apparoir du jour quilz sont partiz dudit lieu dEureux, jusques a leur retour; surquoy, pour estre payez de leurs fraiz et vaccacions, ilz nous ont fait humblement requerir que leur feissions faire tauxacion raisonnable [1]. Pour quoy nous ce que dit est considere, vous mandons et commectons par ces presentes et a chacun de vous sur ce requis que receu par vous la certifficacion desdis exposans, comme ilz ont comparu a ladite assemblee, et apres que aurez este informe du temps de leur vacacion pour les causes que dessus, tant en venant, seiournant, que en retournant comme dessus est dit, vous leur faites tauxacion raisonnable, ainsi quil est acoustume de leur bailler quant telz cas aduiennent; et ce fait, le signifiez ou faites signifier aux Conseillers ou Gouuerneurs de la Communaute de ladite Ville, pour les en faire payer entierement selon votredite tauxacion. A quoy voulons que par vous ilz soient contrains reaument et de fait, sans aucun contredict ou difficulte, comme se cestoit pour noz propres denyers ou affaires. De ce faire vous donnons plain pouuoir, auctorite, commission et mandement especial, mandons et commandons a tous noz Justiciers, Officiers et Subjectz, que a vous et chacun de vous et vos Commis et deputez, en ce faisant, obeissent et entendent diligemment. Donne a Tours, le xiiij^e jour dauril, lan de grace mil cccc soixante sept, auant Pasques, et de notre regne le septieme.

Par le Roy, vous, le Sire de Montreuil et autres presens.

LEPREUOST.

[1] Les habitants d'Evreux furent taxés à la somme de 45 livres, pour leur part du voyage fait par les députés du baillage d'Evreux. Le paiement n'eut lieu qu'en 1469.

XXIV.

Compagnie de l'Arbaleste [1].

Guillaume de Las, Escuier, Seigneur du Vausselas, Conseiller, Chambellan du Roy nostre sire et son Bailly dEureux, a Guillaume Sebire, receveur des aides dudit lieu dEureux, salut. Comme le Roy nostre dit seigneur ait donne et octroie icelles aides aux Bourgois et Habitans de la ville dudit lieu dEureux, pour principallement faire les reparacions, emparemens et fortificacions dicelle, et soit ainsi que lesdis fortifficacion et deffences sont en partie de larbalesterie dicelle ville, en fait de laquelle arbalesterie conuient exercice et continuacion, quelle chose ne se peult faire sans auoir buttes et lieu propre pour icelles construire et ediffier, ainsi quil a este acoustume en icelle ville en temps passe, et mesmes ainsi comme l'en le fait de present en chacunne autre bonne ville. Et pour ce que de present il ne ya aucunnes buttes au moins vallables pour le fait dicelle arbalesterie, et que par faulte dicelles, plusieurs des bourgois et habitans, congnoissans ou fait dicelui jeu de larbalestre, ont et peuent du tout delaissez lexercice dicelui, qui seroit et pourroit estre ou grat preiudice du Roy nostre dit Seigneur, de la chose publicque, deffence et sceurete dicelle ville, se remede ne y estoit mis;

---

[1] Tiré des archives de l'Hôtel-de-Ville.

Des compagnies d'arbalétriers existaient au moyen-âge dans chacune des principales villes de notre pays, Verneuil, Breteuil, Pont-Audemer et Louviers et dans d'autres lieux; elles subsistèrent jusqu'à la révolution; mais non plus comme exercices militaires; le fusil remplaçait alors l'arc et l'arquebuse, et le but était une oie suspendue.

Lorsqu'il s'agissait de lutter avec les archers écossais, on sentait toute l'importance de cet exercice.

Nous eu sur ce aduiz a plusieurs des bourgois et habitans dicelle ville, et affin que le dit jeu qui est tres necessaire en icelle ville, soit entretenu, Vous Mandons, par ces presentes, que des deniers dicelles aides, vous paiez, baillez et deliurez a Guillemin Defours, dit Debart, la somme de six liures tournoiz pour aider et conuertir a la reparacion ou rediffiement dicelles buttes et du lieu et situation dicelles[1], ausquelles repparacions faire le auons ordonne et commis; et par rapportant ces presentes, auecques quittance du dit Defours, la dite somme de six liures tournoiz sera deffalcquee et rabatue des deniers de vostre recepte, sans contredit; ce faittes que il ne y ait faulte. Donne soubz le petit seel aux causes du dit bailliage, le quinzième jour de may, lan mil cccc soixante neuf.

Signé : A Freuille, Promonel, Micherie.

XXV.

Le Clocher d'argent[2].

Jesus ✠ MA.
Invoquez de Dieu la puissance
Aussi de sa Mere et saint Maure,

---

[1] C'est sur une place nommée le Champ-Durant, paroisse Saint-Thomas, que la compagnie s'exerçait au tir.

[2] La flèche centrale de la cathédrale d'Evreux. Ce nom lui vient de de ce que sa couverture en plomb était peinte en bandes transversales blanches et bleu d'ardoise, qui lui donnaient de loin le brillant de l'argent. La cloche qui se trouvait autrefois à sa base, au-dessus de la lanterne, portait aussi le nom de cloche d'argent.

Lorsqu'en 1822, on voulut, par des réparations, éviter la ruine imminente de la flèche, qui menaçait d'écraser dans sa chute les maisons voisines, on enleva la croix de fer qui la surmontait, et sous le

De saintes Barbes et Marguerite
Et de tous les Saints le merite

plomb qui en couvrait le pied, on découvrit une petite boîte de plomb de trois pouces de long. Lorsqu'elle fut ouverte on y trouva renfermés une petite châsse d'un pouce environ, contenant un anneau et deux plaques de cuivre soudées, renfermant des reliques de saints, plus deux pierres rougeâtres; enfin un morceau de parchemin de cinq pouces de long sur trois et demi de large, contenant l'inscription ci-dessus : cette pièce en couvre le recto, au verso se trouve un autre document en latin, dont l'écriture est moitié plus fine que celle de l'inscription. En 1826, les personnes qui l'examinèrent ne purent lire que ces mots : paratum templum .. die septima maii... Il est bien fâcheux qu'on n'ait pas cherché à cette époque les moyens d'en connaître le contenu, en employant un réactif pour faire revivre l'écriture; puisque c'est un procès-verbal de la consécration de la flèche, et que si cette date nous est conservée dans l'inscription, nous aurions en outre connu avec certitude le nom de l'architecte qui en donna le dessin et dirigea les travaux; notre pays y eut gagné un nom illustre. Nous pensons néanmoins pouvoir le lui faire connaître, car le nom qui se trouve dans le titre suivant, nous paraît être celui de l'artiste auquel notre cité doit son plus beau monument : Puisse Jean Leroy être le rival du célèbre Pierre Moteau, d'Evreux, auquel nous devons l'élégante tour de l'Horloge.

« Jourdain Corbin et Robin Chartain, procureurs des bourgois, manans et habitans de la ville dEuureux, a Gilles Lespringuet, Receueur pour iceulx bourgois, salut. Nous vous mandons que des deniers de votre recepte, vous paiez et bailles a Jehan Gresillon, maistre ouurier du pauey de ladite ville, la somme de cent dix soulz trois deniers tournois, a lui deubz pour xxi et une toese de pauey, par luy fait, depuis la Porte Painte en allant droit aux Petittes Halles aux bouchiers; Icelle xxi toeses mesurees par maistre Jehan Le Roy, maistre masson, jure de leglise Notre Dame dEuureux, presens plusieurs desdis bourgois; Et pour chacune toese faicte par ledit Gresillon, par alleu a luy fait, doit avoir v s. iii d. Lesquelles xxi toeses audit pris vallent icelle somme de cent x s. iii d. Laquelle somme vous sera allouee et rabatue dez deniers de votre dicte recepte, quand il appartiendra, par prenant quictance dudit Gresillon, ainsi quil est acoustume faire. En

𝔓our garder cette belle tour,
𝔈t tous les habitans au tour

tesmoing de ce nous auons signe cest present mandement, Et scelle de nos signes le xxiiie jour de may, Lan mil cccc cinquante et cinq. »
CHARTAIN.

Nous aurions pu citer aussi le nom de l'architecte qui, sous le prétexte d'économies, proposait en 1819, de remplacer cette admirable flèche dentelée à jour, par un ignoble toit octogone de quelques pieds d'élévation; mais puisque nous avons été assez heureux pour n'avoir pas à déplorer cette coupable mutilation, nous laisserons en paix le nom de celui qui en eut la pensée; les plans se trouvent aux archives de l'Eure.

Le 9 mai 1826, tous les objets que nous venons d'indiquer, furent remis, après avoir été scellés du sceau de l'Evéché, dans l'ancienne boîte, qui fut enfermée dans un nouveau coffret en plomb, contenant le procès-verbal de ces faits; puis l'un et l'autre renfermés dans une troisième boîte de plomb, scellée par M. Durand, architecte, furent portées sous le globe doré, au pied de la croix, par le vénérable M. Besnard, qui monta jusque-là, bien qu'âgé alors d'environ 60 ans.

Voici ce procès-verbal.

« Anno domini millesimo octogentesimo vigesimo sexto, die vero octava maii, post plurimum diuturnum que laborem, turris hæc, jam ab anno 1475, miro artificio instaurata et pluribus ex partibus nutans, impensis publicis, juxta pristinam elegantiam curante et delineante Claudio Petro Ludovico Durand, architecto Parisiensi ligni integris in putrescentium locum suffectis, plumbeis tegumentis undes quâque de novo circum ductis, variis ornamentis ad priscorum normam concinnè adjectis, et capitio æreo, summam compagem continente et ab eâ pluviales aquas deflectente nunc primum apposito, apprime restituta; erecta cruce, demum absoluta in cœlum denuo firmiter assurgit. Cum humana vero parum præstet industria, nisi divina quoque virtus jungatur, majorum nostrorum piis vestigiis insistentes, parique fiduciâ affecti, sanctissimæ atque individuæ trinitati, beatissimæ Virgini Mariæ, hujus diœcesis patronæ, sanctis Angelis et Archangelis, omnique militiæ celesti, sanctis omnibus unâ cum Christo feliciter regnantibus, præsertim que beatis apostolis Petro et Paulo, Taurino Ebroicensium patri, Maximo et

L'an mil cccc septante cinq
Pierre Huet cy mestre vint
Cet Agnus Dei et deux pierres
Pour chasser foudre et tonnerres [1]
Mauvais airs, tempetes et vents
Tant qu'au monde aura gens vivants.

AMEN.

De fulgore et tempestate
Libera templum tuum Domine [2].

HUET, Chanoine.

Venerando, antiquissimis fidei avitiæ propugnatoribus, nec non et barbaræ virgini, templum hoc, civitatem et eam incolentes commendamus, atque iterum commendamus quatenus, divino permittente beneplacito, cuncta temporalia, maxime tamen spiritualia, ab ista sede flagella declinent. Quam ab causam, recognita veteri chartula, cui subscriptio Huet, die datâ septima maii 1475, junctisque agnus dei, duobusque silicibus sanctorum martyrum Maximi et Venerandi sanguine apparenter adhùc intinctis, pristinâque capsulâ ea continente bene clausâ præsens instrumentum alteri casuleo inserendum in papyro et membrana dupliciter confecimus et sigillum episcopatùs nec non et secretarii chirographum utrique apponendum curavimus.

» Utinam et ad instar præcelsi hujus fastigii anima nostra crescet in templum sanctum in Domino, numquam conflagrandum nisi incendio sacri amoris, in unione sacratissimi cordis Jesu et sanctissimi cordis Mariæ.

» Ebroicis, die mense et anno, ut supra, anno vero quinto episcopatùs Illustrissimi et Reverendissimi in Christo Patris Caroli Ludovici deSalmon Du Châtellier, comitis et paris Franciæ.

» Sig. MATHIEU, Vic. gén. De mandato BESNARD, Canonicus honorarius et Secretarius. »

[1] Un paratonnerre a été placé sur le sommet de la flèche; il serait bien désirable qu'on en mit aussi sur les deux tours de la façade occidentale.

[2] L'histoire n'indique aucune explosion du tonnerre sur la cathédrale.

XXVI.

Réédification de la Cathédrale [1].

Je Jehan Lassauoure, procureur de Messeigneurs les Doien et Chapitre de leglise Notre Dame dEureux, confesse auoir eu et receu de Glaude Raoullet, escuier, grenetier du grenier a sel dEureux, par les mains de Richard Chartain, son comis, la some de huit vingtz dix huit liures quatorze soulz deux deniers [2], quil deuoit a la dicte eglise, a cause de loctroy fait par le Roy notre sire, de quarante solz tournois pour muy de sel, sur son droit de gabelle, pour la reeddification dicelle eglise [3], pour lannee finie le dernier jour de decembre dernier passe; de laquelle somme de viij^{xx} xviij l. xiiij s. ii d., je ou dit nom, me tien pour content et en quitte et promets acquitter le dit grenetier, icelui commis et tous autres. Tesmoing mon signe manuel cy mis, le xxj^e jour de mars, lan mil cccc quatre vingt et ung.

Signé : J. Lassauoure.

[1] Archives de l'Eure; carton Joursanvault, n° 1790.

[2] 178 livres 14 sous 2 deniers.

[3] Tous nos historiens affirment que la cathédrale fut reconstruite en grande partie au xve siècle, aux frais du roi Louis xi, dont l'effigie se trouve dans les vitraux du transept de la cathédrale, du côté de l'évêché; cette quittance, à défaut des octrois détruits antérieurement, nous prouve qu'au moins sa générosité fut incomplète; c'est aux frais des habitants qu'on éleva, à la même époque, la tour de l'horloge, après la chûte d'une première, qui n'avait pas été construite assez solidement. Nous avons dit à quelle époque fut terminée la flèche ou clocher en argent; mais avec elle les travaux ne furent pas achevés; les bas côtés de la nef et du chœur et l'abside restaient à terminer; c'est donc du paiement de cette construction qu'il s'agit ici.

C'est aussi avec le produit d'un octroi de 3,000 fr., levé pendant

XXVII.

Prix du Papegault [1].

Les Conseillers et Procureurs de la ville dEureux, a Pierre Cossart, recepueur des deniers communs de ladite ville, salut. Nous vous mandons que des deniers de votre recepte vous payez, baillez et deliurez a maistre Jacques Le Clerc, aduocat en court laye, pour avoir abbatu le Papegault, la somme de six liures tournois ordonnee par le Roy notre sire estre prinse sur les deniers de cestedite ville par le consentement des bourgois, manans et habitans de ladite ville, pour estre deliuree a icelui qui abbatra le Papegault, a la charge de faire faire les butes des arbalestriers, et iceulx faire assembler pour deffendre lesdis habitans des malueillans en cas de necessite, et aux aultres charges amplement contenues es ordonnances sur ce faictes et selon lantienne coustume. Et par rapportant ces lettres auecques quittance sur ce suffisante dudict Le Clerc, icelle somme vous sera desduicte, allouee et rabatue en la reddition de vos comptes, ainsy quil appartiendra. Faict soubz nos saingz, le derrain jour de may mil cinq cens trente trois.

P.^r vj l. Signé : M. de Quincarnon, Crestien, Le Mareschal.

---

plusieurs années, que fut construite la grosse tour de pierre dite le Gros-Pierre ; on peut voir ces titres dans les archives de l'Hôtel-de-Ville.

[1] Extrait des archives de l'Hôtel-de-Ville.

Nous avons donné (N° 24) le titre en vertu duquel la compagnie d'Arbalète ou du Papegault fut réorganisée en 1469 ; chacune des années suivantes vit prospérer cette association, et chaque année aussi la ville paya le prix de six livres promis à cette époque.

Cette compagnie, dont le nombre était limité, se composait de

XXVIII.

Exemption de garnison en faveur des Ville, Vicomté et Élection d'Evreux [1].

Henry, par la grace de Dieu Roy de France et de Pologne [2], à tous nos Lieutenants generaux, Gouuerneurs des prouinces, Bailliz, Senechaux, Cappitaines, Chefs et Conducteurs de gens de guerre, tant a cheual que a pied, Commissaires et Mareschaux commis et a commettre, a faire les logis desdis gens de guerre, tous autres nos Officiers et Subiectz, ausquels ces presentes seront monstrees, et a chacun deulx comme il appartiendra. Sur ce qui nous a este remonstre de la part des habitans de notre Ville, Viconte et Election dEureux, que outre la perte aduenue en vingt parroices de notredite viconte et election prochaines ladite ville, au mois de juillet, par orage de gresle et tempeste, dont lesdites parroices sont demeurees totalement ruynees et dissipees; de sorte que les laboureurs qui pensoient recueillir les grains presque en maturite, estans sur leurs heritages, nen ont seullement eu feurre ny pailles. Ilz ont este, depuis le sei-

---

bourgeois et de marchands, à l'exclusion des habitants exerçant un art mécanique; elle portait un uniforme de camelot écarlate, orné de boutons brillants; chaque aspirant était élu à la majorité des voix, et celui qui remportait le prix portait le titre de Roi et jouissait de priviléges assez étendus; il était, pendant l'année, exempt de logement de gens de guerre et de droits d'entrée sur ses boissons; il ne payait aucuns subsides, ni tailles, et ne prenait aucune part au guet et à la garde des portes.

[1] Tiré des archives de l'Hôtel-de-Ville.
[2] Henri III.

ziesme septembre dernier, que nostre tres cher et tres ame frere, le Duc d'Alencon, arriua a Dreux, prochain dudit Eureux de sept lieues, et voisine desdites election et viconte de trois lieues, continuellement pillez et fourragez par les gens de guerre a pied et a cheval, qui ont este et sont encores a present en ladite viconte et election, lesquels ont vescu a discretion et consume tous leurs victuailles. Ilz ont dauantage este ransonnes, en chacun bourg et village, desquelz on a emmene grand nombre de cheuaux pris sur les laboureurs, qui sont semblablement spoliez de leurs meubles, de maniere que la plus part des terres sont demeurees et demeureront a labourer et semer, qui leur apportera plus grande ruyne et incomodite a lauenir, de pouuoir porter la taille et impositions, dont ilz sont chargez, sil ne nous plaist leur pouruoir et subuenir en ceste calamite. Pour ces causes, inclinans a ladite requeste, pour la confiance que nous auons que lesdis habitans dEureux se garderont de surprise en ladite ville et fauxbourgs dicelle, comme ilz ont fait le passe, Voulons, vous Mandons et Ordonnons tres expressement a chacun de vous, exempter comme par ces presentes nous exemptons et deschargeons notredite ville, faulxbourgs et habitans dEureux, du logis et garnisons de noz gens de guerre a cheval ou a pied, de quelque nation quilz soient. Et afin de les defendre et garder a lauenir de toute oppression ou violence desdites gens de guerre et garnisons, les avons ensemble, tous nos subiectz de ladite viconte et election dEureux, pris et mis en notre protection et sauuegarde speciale, vous deffendans desobeissance. Pour plus grande aprobation de laquelle sauuegarde permettons ausdis habitans faire mettre et apposer noz panonceaux et bastons royaux, es portes et entrees de ladite ville, faux bourgs, bourgades et villages de ladite election et viconte, a ce que aucun nen puisse pretendre cause dignorance. Et a ce ne faites faulte, car tel est notre plaisir. Donne a Paris, le iij^e jour de nouembre, Lan de grace mil cinq cens soixante quinze, et de notre regne le deuxiesme.

Par le Roy : DENEVFVILLE.

XXIX.

GARDE DES PORTES DE LA VILLE D'ÉVREUX [1].

ROOLLE et Estat des Personnes qui se doibuent fournir darmes et esquipper dicelles, pour la tuition et deffence de la Ville dEureux, en tant quil y en y a, pour la garde des Portes Notre Dame et Chartaine [2].

Premierement, pour moryons et harquebuziers.

Le Corps de Chapitre :

Monsr Guiffart, hault Doyen [3].
Monsr de Lierru, Chantre.
Monsr le Tresorier Boullenc.

---

[1] Archives de l'Hôtel-de-Ville.

[2] C'était un des priviléges du chapitre d'Evreux, de garder les portes de la ville; au temps des anciennes guerres féodales, les chanoines furent quelques fois dignes de ce beau droit ; le chapitre de Lisieux paraît surtout s'être distingué dans la défense de ses foyers, si toutefois la fête des Comtes, célébrée dans cette ville jusqu'à la révolution, les 10 et 11 juin, doit son origine à quelque fait brillant de ce genre.

Au XVIe siècle, les chanoines d'Evreux, si jaloux de leurs priviléges, préféraient le sommeil à la gloire militaire.

[3] Jean Guiffart, doyen du chapitre, depuis l'année 1564 jusqu'en 1588, d'après le *Gallia Christiana*, et probablement plus tard, puisque Alexandre de Carrouges ne fut nommé bailli d'Evreux que le 20 septembre 1590.

Monsᴿ le Penitencier Vigor.
Monsᴿ lOfficial Eude.
Monsᴿ le Promoteur Dagommer.
Monsᴿ des Mynieres Postel.
Monsᴿ de Sainct Denys Flambart.
Monsᴿ Ozenne, Chanoyne.
Monsᴿ Garay, Chanoyne.
Monsᴿ de Torigny, Chanoyne.
Monsᴿ Foucault, Chanoyne.
Monsᴿ de Bretheuil, Chanoyne.
Monsᴿ Daigueuifue, Chanoyne.
Monsᴿ Du Plessis le Viconte, Chanoyne.
Monsᴿ Delaval, Chanoyne.
Monsᴿ le Secretaire Le Saonnyer, Chanoyne.
Monsᴿ de Crestot, Chanoyne.
Monsᴿ de Sainct Denys du Buhellent, Chanoyne
Monsᴿ de Bailleul, Chanoyne.
Monsᴿ de Percy, Chanoyne.
Monsᴿ Buhot, Chanoyne.
Le Clerc dOffice et son nepueu.
Le Cure de Bernienuille.
Maistre Pierre Mohier.
Maistre Estienne de Hellenuiller, Cure de Fuguerolles.
Le Cure de Sainct Nicolas.
Maistre Jehan Le Breton.
Maistre Nicole Deniault.
Maistre Guy Le Jumel.
Maistre Adrian Du Val.
Jacques Billon.
Thomas Duprez.
Euvre Fizellier.
Mᵉ Jacques Croisy.
Maistre Jacques Le Mercyer.

Maistre Martin Le Tellier.
Guillaume Thabouret.
Pierrot Du Chasteau.
Claude Boullengier.
Jacques Jardinier.
Symon Lescharboult.
Euvre Josse [1].

Cappitaine [2],

Ne faillez daler par toutes les maisons de ceux qui sont en ce present roolle, dont auez la charge, affin de les aduertir, que suyuant ce qui leur a este commande, ils se tiennent prestz et fourniz des armes y contenues, pour se trouuer au dimenche vingt et deuziesme de ce mois, au lieu qui leur sera assigne; Et me faictes scauoir ceulx qui y feront faulte, affin que jaduertisse le Roy de leur negligence, et que je face venir des soldats pour seruir en leurs places, a leurs despentz, et aussi que jenuois a Paris leur achapter des armes, lesquelles ils payeront. Aussi ne faillez a faire faire la garde de six hommes de jour, et quatre de nuict, ainsi que cy deuant on auoyt accoustume; et ny faictes faulte sur peyne de prison. Et contraignez de faire le seruice en personne un chacun, fors et reserue les chanoynes et autres gens desglise, et les premiers et les plus principaux ministres de la justice, lez quelz desfaillans [3], a enuoier personnes en leurs places suffisantz et en lequipaige qui leur est en joinct, regarderez a y en commettre un pour la journee quil deburoyt seruir;

---

[1] Cette liste nous donne les noms complets du corps du chapitre à cette époque.

[2] M. de Larchant, capitaine et gouverneur de la ville.

[3] Ces mots, depuis celui d'*Eglise*, ont été bâtonnés sur l'original.

lequel aura pour salaire dix solz, qui seront prins sur les biens de celuy qui aura este desfaillant, desquelz sera faict vendue tout a lheure jusques a ladite somme; et quand aux dizeniers qui failleront la garde, sera, en la mesme facon, prins sur eux quinze solz, pour bailler a un qui fera pour ce jour sa charge. Voullant pareillement que ceux de vous autres Cappitaines qui deffailleront en ce qui leur aura este commande de faire, quilz payent vingt solz a celuy qui aura serui pour vous. Et ne faillez de commectre a chacune des trois portes qui sont ouuertes, un dizenier pour commander aux six hommes qui seront le jour de garde, et les quatre autres de la dizaine la feront la nuict. La garde de jour commencera a six heures de matin, et celle du soir a six heures. Et ne pourront partir les ungs que les autres ne soyent venuz pour les releuer. Et seront les portes fermees a huit heures du soir.

Carrouges [1].

[1] Alexandre de Carrouges, bailli d'Evreux, eut pour successeur l'année suivante, Louis de Gremonville, envoyé en 1591, par Henr IV, après la bataille d'Ivri.

EXPLICATION DE LA VUE D'ÉVREUX.

Cette vue d'Evreux, en 1634, est prise du haut de la côte du Gibet, sur le bord de l'ancien chemin de Paris ; elle est extraite des vues générales de France, publiées par Tassin, et nous en devons la communication à l'obligeance de M. de Vaucelles.

Voici l'indication des principaux édifices :

1. L'église de Saint-Aquilin.
2. Le couvent des Capucins.
3. L'église de la Ronde.
4. Le couvent des Cordeliers.
5. L'abbaye de Saint-Taurin.
6. L'église Cathédrale.
7. L'église de Saint-Thomas.
8. Le prieuré de Saint-Michel-des-Vignes.
9. L'église de Saint-Nicolas.
10. L'hôpital de Saint-Jacques.
11. La tour de l'Horloge.
12. L'église de Saint-Pierre.
13. L'abbaye de Saint-Sauveur.
14. Le couvent de Saint-Louis, Dominicains.
15. L'église de Saint-Léger.

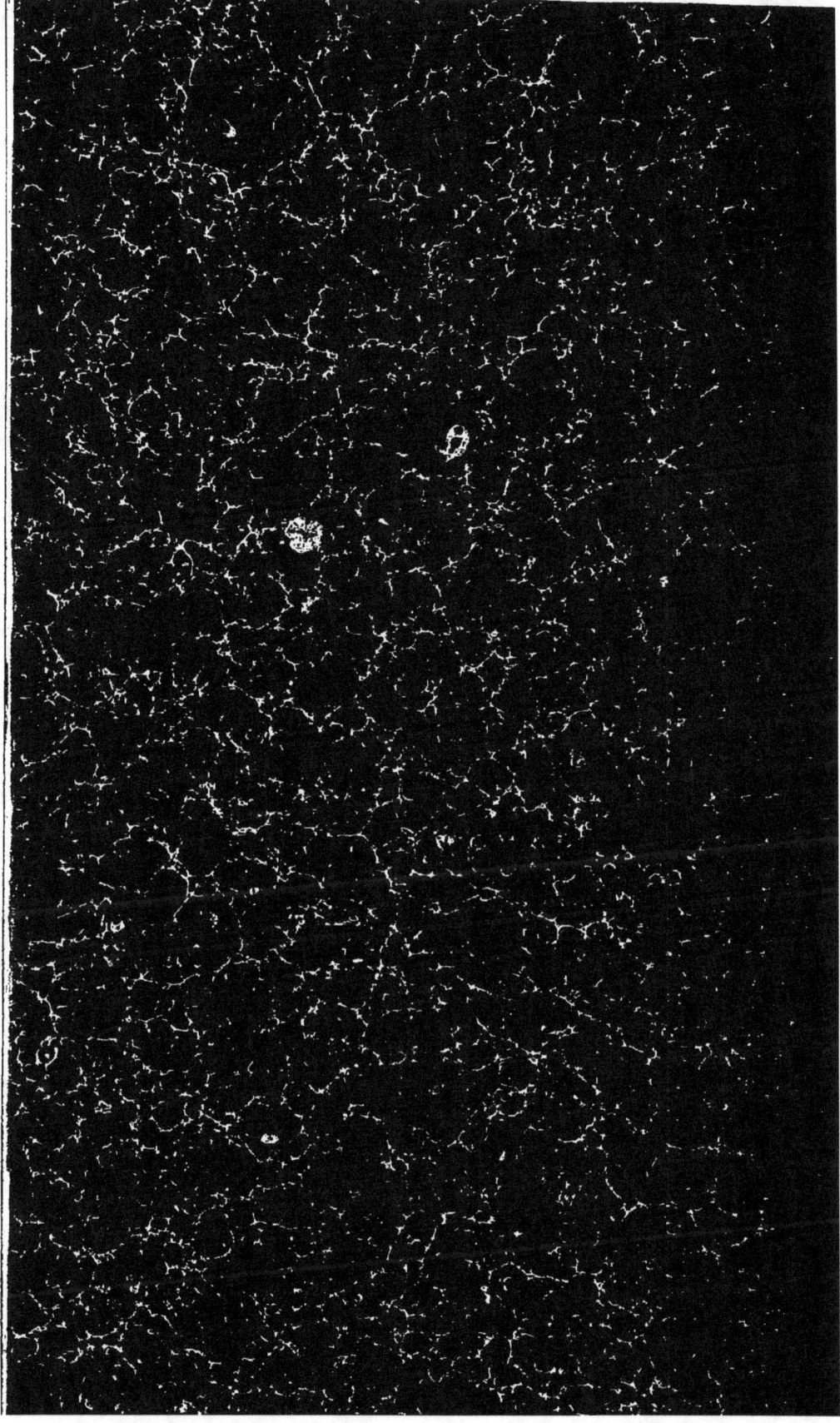

www.ingramcontent.com/pod-product-compliance
Lightning Source LLC
LaVergne TN
LVHW021009090426
835512LV00009B/2155